AF559035

Sylvie D'Esclaibes
Noémie D'Esclaibes

MONTESSORI für die Kleinsten

70 Übungen für Motorik, Sinne, Sprache, Mathematik

Mit Fotografien von
Angélique D'Esclaibes

Bassermann

Die Autorinnen danken allen, die zur Umsetzung dieses Projekts beigetragen haben.

Vielen Dank an Alizée und Henri, die Kinder auf den Fotos.

Herzlichen Dank auch an Claire, Jérôme, Stanislas, Jane, Joël Philippin von Art Montessori, Popeline and Co, Le Loup Pointu.

ISBN 978-3-8094-4733-7

1. Auflage
© 2023 by Bassermann Verlag, einem Unternehmen der Penguin Random House Verlagsgruppe GmbH, Neumarkter Straße 28, 81673 München

© der französischen Originalausgabe 2020 by HATIER, Paris, Frankreich
Die Originalausgabe erschien auf Französisch unter dem Titel *100 activités Montessori avec mon tout-petit, collection Les ateliers de l'éveil*

Diese Ausgabe wurde durch die Cat on a Book Ageny, Frankreich vermittelt.

Text: © Sylvie D`Esclaibes und Noémie D'Esclaibes
Fotos: © Angélique D'Esclaibes
Jegliche Verwertung der Texte und Bilder, auch auszugsweise, ist ohne die Zustimmung des Verlags urheberrechtswidrig und strafbar.

Sollte diese Publikation Links auf Webseiten Dritter enthalten, so übernehmen wir für deren Inhalte keine Haftung, da wir uns diese nicht zu eigen machen, sondern lediglich auf deren Stand zum Zeitpunkt der Erstveröffentlichung verweisen.
Projektleitung dieser Ausgabe: Martha Sprenger
Umschlaggestaltung: Gerhard Versen
Übersetzung: Wiebke Krabbe
Redaktion und Producing: Alex Klubertanz, Haßfurt
Herstellung: Elke Cramer
Die Informationen in diesem Buch sind von den Autorinnen und vom Verlag sorgfältig geprüft, dennoch kann eine Garantie nicht übernommen werden. Eine Haftung der Autorinnen, des Verlags und seiner Beauftragten für Personen-, Sach- und Vermögensschäden ist ausgeschlossen.
Penguin Random House Verlagsgruppe FSC® N001967

Druck und Bindung: Alcione Srl., Lavis, Trient, Italien

Printed in Italy

Inhalt

Vorwort

Die ersten 3 Lebensjahre sind für die Entwicklung des Kindes die wichtigsten: Sie bilden die Grundlage des Seins. Deshalb muss jede Erziehung schon zum Zeitpunkt der Geburt beginnen. Für die italienische Ärztin und Pädagogin Maria Montessori stellt jedes Kind, das geboren wird, eine neue Hoffnung für die Menschheit dar, einen wahren und dauerhaften Frieden auf der Welt zu schaffen. Darum betrachtete es die große Pädagogin als unerlässlich, dass alle Erwachsenen, die mit Kindern unter 3 Jahren zu tun hatten, durch eine spezifische Ausbildung in die Lage versetzt wurden, die Grundbedürfnisse des Babys zu kennen und seine Entwicklungsstufen zu verstehen, damit sie das Kind bestmöglich auf seinem Weg zur Entfaltung begleiten, ihm helfen konnten, seinen Platz in seiner Umgebung zu finden und seine eigene Persönlichkeit zu entdecken. Aus diesem Grund hat Maria Montessori mit ihrem Team eine spezielle Erziehungsmethode sowie Materialien und Werkzeuge für Kleinkinder entwickelt.

Der aufnahmefähige Geist

Im Alter von 0 bis 2 Jahren saugt der Geist eines Kindes schlichtweg alles auf. Es ist in der Lage, sich neue Fähigkeiten anzueignen, indem es einfach seine Umgebung beobachtet und auf sie reagiert. Erwachsene müssen also dafür sorgen, dass das Kleinkind **in seiner Umgebung** keine Hindernisse vorfindet und selbstständig wachsen und seine Fähigkeiten entwickeln kann.

Ein Kind verfügt von Geburt an über ein immenses Potenzial, und die Erlebnisse in seinen ersten Lebensjahren entscheiden darüber, welche Persönlichkeit es einmal werden wird. Die in der Montessori-Methode eingeführten Instrumente, von denen Sie in diesem Buch einige kennenlernen werden, sind für jeden Erwachsenen, der mit Kleinkindern in Kontakt kommt, eine große Hilfe – mit ihnen, die seit mehr als einem Jahrhundert von Kindern auf der ganzen Welt erprobt werden, bringt man universelle Erziehungs- und Gestaltungsprinzipien zur Anwendung.

Die Rolle des Erwachsenen

Selbstverständlich spielt die Liebe, die dem Kind von Geburt an entgegengebracht wird, eine Hauptrolle. Gleichzeitig muss sich der Erwachsene aber der **Entwicklungsphasen** des Kleinkindes bewusst sein, wenn er es zu seiner vollen Entfaltung führen will.

Kinder haben von Geburt an körperliche, psychische und emotionale Bedürfnisse. Der Erwachsene muss daher auf das Kind vorbereitet sein und sich bewusst sein, dass das Kind, sobald es auf der Welt ist, im Mittelpunkt stehen muss. Er muss alles tun, um dem Wesen zu ermöglichen, sich zu offenbaren, zu zeigen, wer es wirklich ist, ohne dabei zu bremsen oder zu überfordern.

- Der Erwachsene muss also über die **Gestaltung des Lebensraums des Kindes** und über die **Aktivitäten, die ihm ermöglicht werden sollen,** Gedanken machen. Er muss aber auch an sich selbst arbeiten und seine Einstellung überdenken. Der Geist des Kindes nimmt alles auf, und alles, was es sieht oder erlebt, wird es nachhaltig beeinflussen, denn die Struktur seines Gehirns wird durch seine Erfahrungen geprägt. Dies wurde von Neurowissenschaftler*innen zweifelsfrei nachgewiesen – Jahre nachdem Maria Montessori ihre pädagogischen Thesen formuliert hatte.

- **Ein Erwachsener kann dem Kind gegenüber nie zu liebevoll, zu respektvoll, zu freundlich oder zu aufmerksam sein.** Er sollte immer so liebevoll wie möglich sein, aber niemals anstelle des Kindes handeln, wenn es in der Lage ist, etwas allein zu tun oder zu lernen, wie man etwas allein tut. Gerade wenn das Kind vor seinem 3. Geburtstag auch von anderen Personen als den Eltern betreut wird, muss sorgfältig darauf geachtet werden, welche Erwachsenen für die Betreuung zuständig sind – auch sie müssen sich ihrer enormen Bedeutung für die Entwicklung des Kindes bewusst sein. Die Erwachsenen sollten sich nicht als dienende Wesen für das Kind sehen, sondern als diskrete, informierte und wohlwollende **Erzieher**.

Warum Beobachten so wichtig ist

Da jedes Kind einzigartig ist, muss der Erwachsene aufmerksam beobachten und die Umgebung und **seine eigene Einstellung immer wieder an das Kind anpassen,** das er vor sich hat. Es ist also wichtig, die Haltung des Kleinkinds zu jedem Werkzeug, das ihm zur Verfügung gestellt wird, zu beobachten. Aus diesem Grund wird kein festes Alter für die Einführung bestimmter Materialien angegeben. Kinder durchlaufen zwar **dieselben Entwicklungsphasen** (hinsichtlich Motorik, Sprache usw.), diese finden aber nicht bei jedem Kind zur gleichen Zeit statt.

- Der Erwachsene muss also **die tieferen Bedürfnisse des Kindes nicht nur theoretisch kennen,** sondern auch bereit sein, **sein Wissen zu hinterfragen,** indem er jedes kleine Wesen vorurteilsfrei beobachtet. Maria Montessori hat ihre ganz eigene Methode entwickelt, indem sie sich als wissenschaftliche Beobachterin positionierte, die auf der Grundlage von Beobachtungen und nicht von intellektuellen Idealen universelle Instrumente und Prinzipien einführt. Die Einzigartigkeit jedes Kindes zu erleben ist ungemein spannend und ermöglicht es dem Erwachsenen, sich jeden Tag aufs Neue zu hinterfragen, auch wenn die universellen Prinzipien dieselben bleiben.

Das angeborene Potenzials des Kindes fördern

Wenn die Montessori-Pädagogik von Geburt an angewandt wird, entwickelt das Kind spielerisch seine grob- und feinmotorischen Fähigkeiten, seine Intelligenz, seine Sprache, aber auch ein Vertrauen in sich selbst und in die Welt, in der es lebt. Es wird zu einem willensstarken Wesen, das von klein auf in der Lage ist, selbstständig zu denken und seine eigenen Lösungen zu finden.

In diesem Buch stellen wir Ihnen **Aktivitäten** vor, die Sie zu Hause oder in der Kindertagesstätte **leicht umsetzen** können, damit Ihr Kind seine Fähigkeiten entwickeln kann.

- Nie entwickelt und verändert sich ein Mensch so sehr wie in den ersten 3 Lebensjahren. Von den Erwachsenen ist darum viel Aufmerksamkeit gefordert. Sie müssen bereit sein, die Umgebung des Kindes entsprechend seinen **Bedürfnissen und Fortschritten** zu verändern. Die Veränderungen sollten sanft erfolgen, da das Kleinkind möglichst viel Vertrautes braucht, um sich harmonisch entwickeln zu können. Man darf nie vergessen, dass das Kleinkind aus dem Nichts kommt und daher nichts beherrscht, wenn es auf die Welt kommt. Selbst die Nahrungsaufnahme kann kompliziert sein.

Die Bedürfnisse des Kindes respektieren

Die Ordnung aller Dinge und Ereignisse ist in den ersten 3 Jahren von großer Bedeutung. Jeder Gegenstand, mit dem das Kind in Kontakt kommt, sollte schön, in gutem Zustand, sauber und immer am selben Ort platziert sein.

- Ein Kind strebt in seinen ersten 3 Lebensjahren vor allem danach, **seine Welt zu verstehen.** Zu wissen, wo sich alles befindet, gibt dem Kind **ein tiefes Gefühl der Sicherheit,** aus dem heraus es seine Fähigkeiten entwickeln kann.
- **Bestimmte Routinen** müssen von allen Erwachsenen, die sich um das Kind kümmern, festgelegt und eingehalten werden. Eine feste Abfolge der Ereignisse gibt dem Kind Sicherheit und ermöglicht es ihm, seine Aufmerksamkeit auf die Entwicklung seiner Fähigkeiten zu richten. Der Erwachsene sollte sich langsam bewegen, damit

das Kind Zeit hat, die Bewegungen zu verinnerlichen. Er muss sehr **geduldig** sein, dem Kind immer die Zeit geben, die es braucht, und sein Bedürfnis nach **Wiederholung** respektieren.

- Das Bedürfnis des Kleinkindes nach Ordnung beinhaltet auch das **Bedürfnis nach klaren Grenzen,** die der Erwachsene setzt und die das Kind nicht überschreiten darf. Um seine Lebenswelt wirklich kennen zu lernen, muss das Kind auch verstehen, dass es in dieser Welt Regeln gibt, die es einzuhalten gilt. Grenzen sollten nicht die eigene Entwicklung hemmen, sondern entweder Sicherheitsregeln sein oder ein Mittel, um das Funktionieren der Umgebung verstehen zu lernen.

Für Erwachsene ist es eine Freude, das Kleinkind dabei zu beobachten, wie es sich konzentriert und immer neue Versuche unternimmt, bis es mit seiner Leistung vollauf zufrieden ist. Das Kind schöpft alles, was es zum Erwerb neuer Fähigkeiten braucht, aus seiner Umgebung. Der Erwachsene muss also **sehr aufmerksam** sein, um dem Kleinkind zum richtigen Zeitpunkt die richtigen Aktivitäten anzubieten. Es liegt am Erwachsenen, diese Aktivitäten entsprechend den Fortschritten und Interessen des Kindes weiter zu entwickeln und immer wieder die Neugierde des Kindes zu wecken.

Ein Kind hat von Natur aus Lust zu lernen.
Wir Erwachsenen haben die Aufgabe, dafür zu sorgen, dass diese so schöne Eigenschaft erhalten bleibt.

TELEPHONE

Motorische Entwicklung

1

Vorbereitung der Umgebung zum Aufstehen

ab
6
Monate

Abhängig von der motorischen Gewandtheit des Kindes

Material

- Ein Holzrahmen, 120 cm x 80 cm
- Ein unzerbrechlicher Spiegel, 104 cm x 64 cm
- Starker Klebstoff
- Eine Holzstange, 104 cm lang
- Dübel, Nägel und Hammer zum Befestigen der Holzstange
- Ein großer, weicher Teppich
- Verschiedene altersgerechte Spielsachen

Direkte Ziele

- Allein aufstehen
- Erste Schritte an einer Stange

Indirekte Ziele

- Förderung der Selbstständigkeit
- Entwicklung des Selbstvertrauens

Vorbereitung

- Den Spiegel in den Holzrahmen kleben. Rahmen und Spiegel sicher an der Wand befestigen, damit sie nicht kippen können.
- Die Holzstange vor diesem Spiegel befestigen (die Höhe muss der Größe des Kindes angepasst sein).
- Den Teppich vor den Spiegel legen, damit sich das Kind nicht verletzt, wenn es hinfällt.
- Das Spielzeug aufstellen, damit es sich damit beschäftigen kann.

Durchführung

- Wenn Ihr Kind eine gewisse Stabilität auf den Beinen zeigt, setzen Sie sich hinter ihm auf den Teppich, um es auffangen zu können, falls es nach hinten fällt. Sie können seinen Muskeltonus testen, indem Sie es auf Ihrem Schoß, auf einem Bett oder auf dem Boden stehen lassen. Achten Sie darauf, dass es keine Angst hat, denn dann könnte es sich weigern, die Aktivität zu wiederholen.
- Legen Sie seine Hände auf die Stange und heben Sie seinen Körper sanft an, damit es in eine aufrechte Position kommt und die Bewegung versteht.
- Nehmen Sie es wieder auf den Schoß und wiederholen Sie die Bewegung mehrmals. Wiederholen Sie diese Übung jeden Tag mit dem Kind.
- Lassen Sie das Kind dann nah am Spiegel stehen und beobachten Sie es gut, während Sie in der Nähe bleiben. Eines Tages wird Ihr Kind sich selbst an der Stange hochziehen. Bleiben Sie in der Nähe, damit es sich nicht verletzt, wenn es sich wieder setzt.
- Allmählich wird Ihr Kind auch lernen, sich kontrolliert zu setzen, ohne sich einfach fallen zu lassen. Wenn es sicher auf seinen Beinen steht, wird es sich an der Stange festhalten, um sich seitwärts zu bewegen.

Info

- Der Spiegel hinter der Stange ermöglicht es Ihrem Kind, seine Bewegungen beim Aufstehen zu beobachten. So kann es sie leichter wiederholen. Es wird sehr stolz sein, wenn es ihm gelingt, alleine aufzustehen.
- Danach kann es das Gehen üben und sich selbstständig an niedrigen Regalen, die Sie im rechten Winkel zum Spiegel befestigt haben, fortbewegen.

2

Einen Gegenstand ziehen

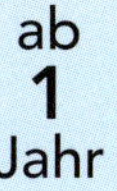

ab 1 Jahr

Wenn das Kind allein laufen kann

Material

- Ein Plüschtier oder ein kleines Spielzeug, das Ihr Kind mag
- Ein Gegenstand mit Rädern (möglichst aus Holz)
- Eine lange Schnur
- Klebeband, wenn nötig

Direkte Ziele

- Das sichere Gehen fördern
- Den Gleichgewichtssinn schulen

Indirekte Ziele

- Förderung von Selbstständigkeit und Selbstvertrauen

Vorbereitung

- Falls nötig, die Schnur mit Klebeband am Fahrzeug befestigen.

Durchführung

- Zeigen Sie Ihrem Kind den Gegenstand auf Rädern und benennen Sie jedes Teil genau. Zeigen Sie ihm auch die Schnur.
- Ziehen Sie vorsichtig an der Schnur, damit Ihr Kind versteht, dass sich das Spielzeug bewegen kann und dass die Bewegung durch das Ziehen ausgelöst wird.
- Bewegen Sie den Gegenstand ganz langsam.
- Legen Sie dem Kind die Schnur in die Hand.
- Lassen Sie Ihr Kind langsam mit dem rollenden Gegenstand laufen.

Info

- Gehen und gleichzeitiges Ziehen ist schwieriger, das Kind lernt dadurch aber, sicherer zu laufen. Zudem stärkt die Übung sein Gleichgewicht.

3

Verschiedene Bälle entdecken

ab 3 Monate

Wenn das Kind Dinge in der Hand halten kann

Material

- Bälle mit verschiedenen Texturen (Stoff, Plastik, Holz, Metall, hart, weich), in verschiedenen Formen (rund, verbeult, geflochten, mit Noppen, mit Vertiefungen, mit einem kleinen Ball im Inneren), in verschiedenen Größen (klein, mittel, groß) und Farben (schwarz, weiß, silbern, leuchtend)
- Eine Krabbeldecke
- Ein hübscher Korb zum Aufbewahren der Bälle

Direktes Ziel

- Förderung der Grob- und Feinmotorik

Indirekte Ziele

- Anregung der Sinne. Tastsinn durch Bälle mit unterschiedlichen Texturen; Hörsinn durch Bälle, die einen Ton von sich geben; Sehsinn durch die Farben; Geschmackssinn, da Ihr Kind die Bälle in den Mund nehmen wird, und den Geruchssinn, da nicht alle Bälle gleich riechen.
- Förderung der Konzentration
- Entwicklung des Selbstvertrauens
- Förderung der Selbstständigkeit
- Verstehen von Ursache und Wirkung

Durchführung

- Setzen Sie sich zum Kind auf den Boden. Zeigen Sie ihm die Bälle und legen Sie mehrere in seine Reichweite.
- Für ein Kleinkind sollten die Bälle feine Oberflächentexturen haben, damit es sie mit beiden Händen halten kann. Zeigen Sie ihm auch kleine Bälle, die beim Schütteln einen Ton von sich geben.
- Wenn Ihr Kind sich überhaupt nicht bewegt, legen Sie die Bälle direkt in seine Hände. Sobald es einen Ball rollt, legen Sie ihn in einem kleinen Abstand vor das Kind, damit es ihn erreichen möchte. Sorgen Sie dafür, dass es dem Kind immer gelingt, den Ball zu erreichen, damit seine Bemühungen immer von Erfolg gekrönt sind.
- Wenn das Kind Mühe hat, sich zu bewegen, wählen Sie nur Bälle, die nicht so leicht rollen.
- Wenn dem Kind die Bewegungen allmählich leichter fallen, legen Sie in seine Umgebung Bälle, die es mag und die es holen möchte. Wenn ein Ball bei Berührung ein Stück rollt, wird sich das Kind umso mehr anstrengen, um zu ihm zu gelangen.
- Stellen Sie dem Kind nicht zu viele Bälle zur Verfügung (etwa 4 oder 5) und variieren Sie regelmäßig, um sein Interesse wach zu halten. Sobald das Kind das Interesse verliert, legen Sie die Bälle in einen hübschen Korb, der immer am selben Ort und nicht zu weit vom Kind entfernt steht. So kann es die Bälle selbstständig holen, wann immer es will.

Info

- Mit Bällen lassen sich viele Fähigkeiten Ihres Kindes fördern, und sie können über Jahre für verschiedene Zwecke genutzt werden. Später können Sie mit dem Kind Ball spielen, um das Werfen und Fangen zu üben. Wenn das Kind dazu bereit ist, kann der Ball mit den Füßen oder einem Schläger bewegt werden.

4

Einen Wagen schieben

ab
7
Monate

Wenn das Kind steht und das Gleichgewicht hält

Motorische Entwicklung (Grobmotorik)

Material

- Ein Rollwagen mit einem Griff, der stabil genug sein muss, damit Ihr Kind nicht fällt (möglichst aus Holz).

Direkte Ziele

- Sich der Vorwärtsbewegung bewusst werden
- Gehen lernen

Indirekte Ziele

- Förderung der Selbstständigkeit
- Entwicklung des Selbstvertrauens
- Verstehen von Ursache und Wirkung

Durchführung

- Zeigen Sie dem Kind den Wagen.
- Zeigen Sie ihm, wie der Wagen rollt, wenn das Kind sich vorwärts bewegt. Legen Sie dazu beide Hände fest an den Griff und drücken Sie sanft dagegen.
- Stellen Sie Ihr Kind mit den Händen am Griff vor den Wagen und lassen Sie es ganz langsam vorwärts fahren, damit es dieses Gefühl bewusst wahrnimmt.

Info

- Kleine Kinder transportieren sehr gern Gegenstände in einem kleinen Wagen. Wählen Sie am besten einen Wagen, in dem Gegenstände wie sein Kuscheltier, ein Auto, eine Puppe usw. Platz finden. Diese Spielsachen sollten leicht in den Wagen zu legen und wieder herauszunehmen sein.

5

Auf einem Klebeband balancieren

ab **18** Monate

Wenn das Kind sicher laufen kann

Material

- Farbiges Klebeband

Direkte Ziele

- Förderung der Grobmotorik
- Entwicklung des Gleichgewichtsgefühls
- Kontrolle der Bewegungen

Indirekte Ziele

- Entwicklung des Selbstvertrauens
- Förderung der Konzentration

Vorbereitung

- Kleben Sie 4 Streifen buntes Klebeband auf den Boden – paarweise parallel angeordnet und mit etwas Abstand zueinander, sodass das Kind seine Hände auf ein Paar Streifen und seine Füße auf das andere Paar setzen kann.

Durchführung

- Zeigen Sie dem Kind die beiden Streifen Klebeband für seine Hände und dann die beiden anderen für seine Füße.
- Bitten Sie es, die Füße auf die dafür vorgesehenen Streifen zu stellen und in die Hocke zu gehen.
- Wenn es das Gleichgewicht gefunden hat, fordern Sie es auf, seine Hände auf den Boden zu setzen und langsam zu dem anderen Paar Klebestreifen zu führen. Lassen Sie es eine Weile in dieser Position verharren.
- Bitten Sie es dann, die Hände langsam von den Bändern zu nehmen, sodass es wieder in die Hocke kommt.
- Schlagen Sie ihm vor, diese Übung dreimal zu wiederholen.
- Wenn das Kind gut zurechtkommt, fordern Sie es auf, seine Hände auf die dafür vorgesehenen Klebebandstreifen zu legen, während es in der Hocke sitzt und seine Füße leicht hinter den Händen stehen.
- Nun soll es seine Füße zurückschieben, bis sie auf den beiden anderen Klebestreifen stehen. Lassen das Kind einige Sekunden so stehen und bitten Sie es dann, seine Füße wieder zu den Händen zu ziehen.
- Auch diese Übung kann dreimal wiederholt werden.

6

Auf einer Linie balancieren

ab 12 Monate
Wenn das Kind selbstständig läuft

Material

- Breites farbiges Klebeband (7 cm breit, ca. 1 m lang), auf den Fußboden geklebt
- Eine Glocke
- Ein Glas mit Wasser
- Ein Buch
- Ein Lot
- Ein Ball
- Eine kleine Schachtel
- Ein kleiner Tisch

Direkte Ziele

- Förderung der Grobmotorik
- Entwicklung des Gleichgewichtsgefühls

Indirekte Ziele

- Flüssige, kontrollierte Bewegung
- Förderung der Konzentration
- Schulung des Körperbewusstseins

Durchführung

- Stellen Sie neben der Linie aus farbigem Klebeband den kleinen Tisch auf. Platzieren Sie darauf die Glocke, das Wasserglas, das Buch, das Lot, den Ball und die kleine Schachtel.
- Stellen Sie Ihren Fuß auf die Linie und beginnen Sie, ganz langsam darauf zu gehen, indem Sie einen Fuß vor den anderen setzen, ohne über den markierten Bereich hinauszugehen.
- Gehen Sie auf diese Weise bis zum Ende der Linie und schlagen Sie dem Kind dann vor, dasselbe zu tun. Erklären Sie, dass es wichtig ist, sehr langsam zu gehen, um ein gutes Gleichgewicht zu haben.
- Wenn Ihr Kind es geschafft hat, auf dem Streifen zu balancieren, bitten Sie es, das Ganze mit einem Gegenstand in der Hand zu wiederholen. Geben Sie ihm zuerst einen leichten Gegenstand, etwa die Schachtel.
- Steigern Sie die Schwierigkeit: mit dem Ball auf der flachen Hand; mit der Glocke, die nicht klingeln darf; mit dem Lot, das nicht schwingen darf – und zuletzt mit dem Buch auf dem Kopf.

Info

- Diese Aktivität macht Kindern viel Spaß. Sie eignet sich, ein Kind zur Ruhe zu bringen, weil zum Balancieren ruhige Bewegungen und Konzentration nötig sind.
- Sie können die Übung auch mit einem Balken durchführen.

Vroum

Gefäße öffnen und schließen

ab **2** Jahre

Material

- 4 oder 5 Gefäße mit Deckeln in verschiedenen Formen und Größen (Schachteln, Teedosen, Marmeladengläser)
- Ein Korb
- Ein Teppich

Direkte Ziele

- Förderung der Feinmotorik
- Förderung der Konzentration

Indirekte Ziele

- Förderung der Selbstständigkeit
- Vorbereitung auf das Schreiben

Durchführung

- Setzen Sie sich mit Ihrem Kind auf einen Teppich. Stellen Sie den Korb mit den geschlossenen Schachteln in die linke obere Ecke.
- Nehmen Sie ein Gefäß heraus. Stellen Sie es vor das Kind. Nehmen Sie mit dem Dreifingergriff den Deckel vom Gefäß ab. Stellen Sie das Gefäß links vor dem Kind ab und den Deckel rechts.
- Wiederholen Sie dasselbe mit allen Gefäßen. Die Gefäße stehen nun links vor dem Kind, die Deckel liegen rechts.
- Legen Sie eine Pause ein.
- Nehmen Sie ein Gefäß und stellen Sie es vor sich hin. Greifen Sie den Deckel mit der rechten Hand und legen Sie ihn auf das Gefäß, bevor Sie es schließen und wieder in den Korb legen.
- Wiederholen Sie dasselbe mit allen Gefäßen.
- Wenn Sie sehen, dass das Kind verstanden hat, lassen Sie es die Aktivität selbst fortsetzen bzw. wiederholen.

8 Nähen lernen

ab **2** Jahre

Material

- Eine Holzplatte mit mehreren kleinen Löchern. Die Form der Platte kann je nach Jahreszeit variiert werden: Blätter im Herbst, Schneeflocken oder Weihnachtskugeln im Winter, Blumen im Frühling, Schmetterlinge im Sommer.
- Ein Schnürsenkel mit einem steifen Ende und einem Knoten am anderen Ende
- Ein Tablett
- Ein Tisch

Direkte Ziele

- Nähen lernen
- Förderung der Feinmotorik
- Förderung der Konzentration

Indirekte Ziele

- Vorbereitung auf das Schreiben
- Förderung der Selbstständigkeit

Durchführung

- Setzen Sie sich mit Ihrem Kind an einen Tisch. Stellen Sie das Tablett mit den Materialien vor ihm auf den Tisch.
- Nehmen Sie mit einer Hand (der linken, wenn Sie rechtshändig sind) die Holzplatte vom Tablett. Ergreifen Sie mit der anderen Hand den Schnürsenkel.
- Das steife Ende des Schnürsenkels durch ein Loch in der Holzplatte fädeln und langsam bis zum Knoten durchziehen.
- Ziehen Sie den Schnürsenkel durch alle Löcher der Platte.
- Danach den Schnürsenkel wieder aus den Löchern herausziehen.
- Schlagen Sie Ihrem Kind vor, es selbst zu versuchen.

9

Umgang mit einer Schere

ab 2½ Jahre

Material

- Ein Tablett aus Holz
- 7 Sätze von verschiedenen Papierstreifen
- Eine Schere (für Rechts- und Linkshänder)
- Eine Schale
- Ein Briefumschlag
- Ein roter Filzstift
- Ein Tisch

Direkte Ziele

- Eine Schere halten und Papier schneiden
- Förderung der Selbstständigkeit
- Förderung der Konzentration
- Ausführen präziser Bewegungen

Indirekte Ziele

- Vorbereitung der Hände auf präzise Bewegungen
- Kontrolle der Bewegungen
- Körperkoordination

Vorbereitung

- Schneiden Sie aus verschiedenen Papieren 7 Gruppen von Streifen zu (mehrere gleiche Papiere für eine Gruppe). Ziel ist es, den Schwierigkeitsgrad von einer Gruppe zur nächsten zu erhöhen. Für die erste Gruppe schneiden Sie Papierstreifen mit 1 cm Breite und 7 cm Länge und zeichnen in Längsrichtung eine rote Linie darauf. Für die zweite Gruppe wird die Breite auf 2 cm erhöht. Für die dritte Gruppe wird die Breite auf 3 cm erhöht, jeweils mit rotem Längsstrich. Auf die Streifen der vierten Gruppe zeichnen Sie einen

Querstrich. Zeichnen Sie für die fünfte Gruppe eine rote Schlangenlinie, für die sechste einen Halbkreis und für die letzte einen roten Kreis.

- Legen Sie alle Materialien auf das Tablett.

Durchführung

- Setzen Sie sich mit Ihrem Kind an einen Tisch. Nehmen Sie die Materialien aus dem Tablett und legen Sie sie vor Ihr Kind.
- Zeigen Sie Ihrem Kind, wie es die Schere halten soll: Daumen und Mittelfinger in den Ringen, der Zeigefinger stützt die Schere.
- Nehmen Sie die Schere in die eine Hand und einen Papierstreifen aus der ersten Gruppe in die andere Hand. Schneiden Sie den Streifen in Stücke, die Sie in die Schale fallen lassen. Wiederholen Sie dies drei- oder viermal mit anderen Streifen.
- Schlagen Sie Ihrem Kind dann vor, die Übung allein durchzuführen und mit den Streifen der ersten Gruppe zu beginnen.
- Legen Sie das Material in die Schale und stecken Sie die Papierschnipsel in den Briefumschlag. Wenn Sie diese Übung das nächste Mal mit Ihrem Kind durchführen, bitten Sie es, Papierstreifen aus der zweiten Gruppe zu schneiden usw.

Info

- Die Aufgabe für das Kind besteht darin, immer auf der roten Linie zu schneiden.
- Es empfiehlt sich, hübsche Papiere zu verwenden, damit das Kind mehr Freude an der Übung hat.

10

Nudeln auffädeln

ab 2 Jahre

Material

- Ein langer, farbiger Schnürsenkel (gelb, rot oder blau) mit einem steifen Ende und einem Knoten am anderen Ende
- Weißer Karton, 40 cm x 60 cm
- Lange Nudeln mit Löchern in der Mitte (z. B. Cannelloni)
- Klebstoff
- Klebeband
- Ein Teppich

Direkte Ziele

- Förderung der Feinmotorik
- Förderung der Konzentration

Indirekte Ziele

- Perlen auffädeln lernen
- Nähen lernen
- Vorbereitung auf das Schreiben

Vorbereitung

- Kleben Sie die Nudeln in 5 Reihen mit gleichmäßigen Abständen auf den Karton, sodass Ihr Kind den Schnürsenkel durch mehrere Nudeln ziehen kann.

Durchführung

- Setzen Sie sich mit Ihrem Kind auf einen Teppich. Stellen Sie den Karton vor sich auf.
- Nehmen Sie den Schnürsenkel (mit Ihrer rechten Hand, wenn Sie rechtshändig sind) und beginnen Sie, ihn durch die obere linke Nudel zu fädeln. Der Schnürsenkel wird mit dem steifen Ende eingefädelt und bis zum Ende durchgezogen, damit der Knoten festsitzt.
- Nun fädeln Sie den Schnürsenkel durch die nächste Nudel – von oben nach unten und von links nach rechts.
- Fahren Sie auf diese Weise fort und schlagen Sie dem Kind vor, es selbst zu versuchen.
- Wenn die Übung beendet ist, ziehen Sie den Schnürsenkel heraus, damit er für das nächste Mal bereit liegt.

Info

- Diese Aktivität ist eine gute Vorübung für das Auffädeln von Perlen, da die Nudeln auf dem Karton fixiert sind und das Kind sich nur darauf konzentrieren muss, den Schnürsenkel in ein Loch einzufädeln und durchzuziehen.

11

Eine Schraube in eine Mutter drehen

ab
2
Jahre

Material

- Eine kleine Holzplatte
- Eine Mutter
- Eine Schraube
- Eine größere Schraube mit passender Mutter

Direkte Ziele

- Fest- und Losschrauben lernen
- Förderung der Feinmotorik
- Förderung der Konzentration

Indirekte Ziele

- Vorbereitung auf das Schreiben
- Förderung der Selbstständigkeit

Vorbereitung

- Befestigen Sie die Mutter auf der Holzplatte.

Durchführung

- Legen Sie das Holzplättchen vor Ihrem Kind auf einen Tisch.
- Greifen Sie die Schraube und drehen Sie sie langsam in die Mutter hinein. Zeigen Sie dem Kind dabei den Dreifingergriff.
- Fahren Sie so fort, bis die Schraube vollständig in der Mutter steckt.
- Legen Sie eine Pause ein, indem Sie Ihre Hand zurückziehen.
- Drehen Sie die Schraube ganz langsam wieder heraus. Zeigen Sie dabei erneut den Dreifingergriff.
- Schlagen Sie Ihrem Kind vor, die Übung selbst durchzuführen.

Info

- Wenn Ihr Kind diese Übung gemeistert hat, bieten Sie ihm eine große Schraube und eine passende Mutter an. Es wird versuchen, die Schraube in die Mutter und wieder heraus zu drehen.
- Sie könnten auch ein Brettchen mit Muttern in verschiedenen Größen vorbereiten.
- Um die Übung abzuwandeln, können Sie den Umgang mit verschiedenen Schraubendrehern oder Schlüsseln zeigen.

12

Kastanien auffädeln

ab **2** Jahre

Material

- Ein Tablett
- Ein Korb
- 10 Kastanien mit einem ausreichend großen Loch in der Mitte
- Ein Schnürsenkel, ca. 40 cm lang und mittelbreit, mit einer Plastikspitze an einem Ende und einem Knoten mit einer großen Perle am anderen Ende
- Ein Tisch

Direktes Ziel

- Kastanien auf einen Schnürsenkel auffädeln

Indirekte Ziele

- Förderung der Konzentration
- Förderung von Ausdauer und Geduld
- Körperkoordination
- Ausführen präziser Bewegungen
- Kontrolle der Bewegungen
- Perlen auffädeln lernen
- Vorbereitung auf das Schreiben

Durchführung

- Setzen Sie sich mit Ihrem Kind an einen Tisch und legen Sie die Materialien vor ihm aus.
- Nehmen Sie mit der linken Hand eine Kastanie und zeigen Sie ihm mit dem Zeigefinger der rechten Hand das Loch.
- Fassen Sie die Plastikspitze des Schnürsenkels mit der rechten Hand. Fädeln Sie sie mithilfe des Dreifingergriffs durch das Loch in der Kastanie.

- Wiederholen Sie den Vorgang mit einer weiteren Kastanie und fordern Sie Ihr Kind dann auf, allein weiterzumachen.
- Wenn alle Kastanien eingefädelt sind, zeigen Sie Ihrem Kind den umgekehrten Weg, indem Sie die Kastanien von der Schnur abziehen.
- Legen Sie danach gemeinsam mit dem Kind alle Kastanien wieder in den Korb.
- Schlagen Sie Ihrem Kind vor, die Übung so oft zu wiederholen, wie es möchte.

Info

- Diese Aktivität ist ideal für den Herbst. Sie können sie auch abwandeln, indem Sie Löcher in kleine Holzstücke bohren. Wenn Ihr Kind älter und geschickter ist, können Sie ihm Eicheln zum Auffädeln geben, in die ein kleineres Loch gebohrt wurde.

Bälle in Röhren stecken

ab 18 Monate

Motorische Entwicklung (Feinmotorik)

Material

- Ein 40 cm x 60 cm großer Karton, nach oben offen, nach Belieben verziert
- 4 Röhren (rot, gelb, blau und grün) mit 6 cm Durchmesser
- 4 rote, 4 gelbe, 4 blaue und 4 grüne Bälle mit minimal kleinerem Durchmesser wie die Röhren
- Ein Korb
- Klebeband

Direkte Ziele

- Verständnis des Konzepts der Beständigkeit eines Objekts
- Förderung der Feinmotorik
- Farben erkennen

Indirektes Ziel

- Entwicklung des Selbstvertrauens

Vorbereitung

- Schneiden Sie eine Vorderseite des Kartons aus. Lassen Sie dabei am unteren Rand 5 cm stehen, damit die Bälle, die aus den Röhren fallen, nicht aus dem Karton rollen.
- Bemalen Sie die Röhren gelb, rot, blau und grün. Befestigen Sie sie mit Klebeband senkrecht an den Innenwänden des Kartons. Der Abstand zwischen dem unteren Ende der Röhren und dem Kartonboden sollte mindestens 10 cm betragen.
- Legen Sie alle Bälle in den Korb.

Durchführung

- Stellen Sie den Karton an einer Wand auf. Das Kind soll ihn im Stehen gut erreichen können. Stellen Sie den Korb neben das Kind.
- Fassen Sie langsam mit dem Dreifingergriff einen Ball. Stecken Sie ihn in eine Röhre in der Farbe des Balls. Beobachten Sie, wie er unten aus der Röhre wieder herauskommt.
- Wiederholen Sie dies mit einem anderen Ball.
- Schlagen Sie Ihrem Kind vor, diese Aktivität allein durchzuführen. Lassen Sie sie es probieren, und zeigen Sie ihm bei Bedarf ab und zu, wie es vorgehen muss.

Info

- Am Anfang wird das Kind die Bälle in beliebige Röhren stecken. Um ihm zu helfen, können Sie sagen: »*Ich nehme den gelben Ball und stecke ihn in die gelbe Röhre.*«

14

Schleifen in eine Palette legen

ab
2½
Jahre

Material

- Eine Farbpalette mit ausreichend großen Vertiefungen
- Blütenförmige Dekoschleifen (für Geschenkverpackungen) in verschiedenen Farben (Anzahl passend zu den Vertiefungen)
- Ein Korb
- Eine große Pinzette aus Kunststoff
- Ein Tablett
- Ein Tisch

Direkte Ziele

- Förderung der Feinmotorik
- Förderung der Konzentration

Indirekte Ziele

- Vorbereitung auf das Schreiben
- Förderung der Selbstständigkeit

Vorbereitung

- Legen Sie die Schleifen in den Korb.
- Stellen Sie den Korb links auf das Tablett, die Palette rechts. Die Pinzette davor ablegen.

Durchführung

- Setzen Sie sich mit Ihrem Kind an einen Tisch, das Tablett mit den Materialien steht vor Ihnen. Erfassen Sie die Pinzette mit dem Dreifingergriff. Nehmen Sie mit der Pinzette eine Schleife auf.
- Legen Sie die Schleife vorsichtig in die obere linke Vertiefung der Palette. Fahren Sie so fort und halten Sie dabei die Schreibrichtung ein (von links nach rechts).
- Wenn alle Schleifen in der Palette liegen, nehmen Sie sie in umgekehrter Richtung wieder heraus. Schlagen Sie dem Kind vor, die Übung nachzumachen.

Info

- Lassen Sie das Kind die Schleifen zuerst in beliebiger Reihenfolge ablegen. Kleben Sie dann auf den Boden jeder Vertiefung einen farbigen Punkt und schlagen Sie dem Kind vor, jede Schleife in die Vertiefung mit der entsprechenden Farbe zu legen.
- Soll die Übung mit einem jüngeren Kind durchgeführt werden, verzichten Sie auf die Pinzette. Lassen Sie das Kind die Schleifen mit der Hand ergreifen.

15

Eine Serviette rollen und in einen Ring schieben

ab **2** Jahre

Material

- 4 Servietten (ca. 35 cm x 35 cm) aus festem Baumwollstoff
- Eine Schale mit 4 Serviettenringen aus Holz
- Ein Tablett
- Ein Tisch

Direktes Ziel

- Eine Serviette aufrollen und in einen Ring schieben

Indirekte Ziele

- Training der Fingerfertigkeit
- Förderung der Selbstständigkeit
- Förderung der Konzentration

Durchführung

- Setzen Sie sich mit Ihrem Kind an einen Tisch. Stellen Sie das Tablett mit den Materialien vor ihm ab und zeigen Sie ihm die einzelnen Elemente.
- Nehmen Sie die Schale vom Tablett und stellen Sie sie zu Ihrer Rechten auf.
- Nehmen Sie die Servietten vom Tablett und legen Sie sie zu Ihrer Linken.
- Rollen Sie eine Serviette zusammen.
- Nehmen Sie einen Holzring auf. Schieben Sie die Serviette hinein.
- Rollen Sie eine zweite Serviette, und schieben Sie sie in einen Ring.

- Schlagen Sie dem Kind vor, das Gleiche allein mit den letzten beiden Servietten zu tun.
- Wenn Ihr Kind fertig ist, loben Sie es. Ziehen Sie dann den Serviettenring aus einer Serviette und legen Sie ihn wieder in die Schale. Legen Sie die Serviette auf das Tablett. Fordern Sie das Kind auf, die restlichen Servietten aus den Ringen zu ziehen.
- Sagen Sie dem Kind, dass es die Übung jederzeit und so oft es möchte wiederholen kann.

Info

- Um die Übung zu erleichtern, können Sie kleinere Servietten verwenden. Schwieriger wird sie, wenn Sie Servietten aus dünnerem Stoff und kleinere Ringe verwenden.
- Sie können das Kind bitten, beim Tischdecken zu helfen, indem es die Servietten in Ringe schiebt (z. B. für ein festliches Essen).

16

Ein Kleeblatt mit flachen Plättchen ausfüllen

ab **2** Jahre

Motorische Entwicklung (Feinmotorik)

Material

- Ein ausgedrucktes und laminiertes Kleeblatt, auf das weiße Kreise geklebt sind
- So viele grüne flache Plättchen wie Kreise
- Eine kleine Schale mit allen Plättchen
- Ein Tablett
- Ein Tisch

Direkte Ziele

- Präzise Handbewegungen üben
- Förderung der Feinmotorik
- Training der Fingerfertigkeit

Indirekte Ziele

- Kontrolle der Bewegungen
- Förderung der Selbstständigkeit
- Stärkung von Konzentration, Geduld und Ausdauer
- Vorbereitung auf das Schreiben

Durchführung

- Setzen Sie sich mit Ihrem Kind an einen Tisch und stellen Sie das Tablett mit allen Materialien vor ihm ab.
- Stellen Sie die Schale rechts neben sich.
- Nehmen Sie ein Plättchen mit dem Dreifingergriff und legen Sie es langsam auf einen weißen Kreis.
- Wiederholen Sie dies einmal. Schlagen Sie dem Kind vor, allein fortzufahren.

- Wenn Ihr Kind fertig ist, nehmen Sie ein Plättchen vom Kleeblatt und legen es zurück in die Schale.
- Das Kind soll dann die anderen Plättchen wieder in die Schale legen.
- Wenn es fertig ist, stellen Sie Schale und Kleeblatt wieder auf das Tablett.
- Am Ende können Sie Ihrem Kind sagen: »*Jetzt kannst du diese Übung jederzeit und so oft machen, wie du willst.*« Sie können Ihr Kind auch fragen, ob es das Blatt kennt, oder ihm erklären, was ein Kleeblatt ist.

Info

- Um diese Übung zu erleichtern, können Sie selbstklebende Klettpads (den weichen Teil) verwenden, damit die Plättchen nicht so leicht verrutschen.
- Anstelle des Kleeblatts können Sie eine andere Form wählen, die den Vorlieben Ihres Kindes entspricht oder zu bestimmten Jahreszeiten oder Festen passt.

17

Fisch und Plättchen

ab
2
Jahre

Material

- Eine Seifenablage aus Gummi in Form eines Fischs mit Schuppen
- Flache, mittelgroße, perlmuttfarbene Plättchen
- Eine Schale für die Plättchen
- Ein Tablett
- Ein Tisch

Direkte Ziele

- Förderung der Feinmotorik
- Training der Fingerfertigkeit

Indirekte Ziele

- Vorbereitung auf das Schreiben
- Kontrolle der Bewegungen
- Förderung der Selbstständigkeit
- Stärkung von Geduld und Ausdauer
- Förderung der Konzentration
- Training präziser Bewegungen

Durchführung

- Setzen Sie sich mit Ihrem Kind an einen Tisch. Stellen Sie die Schale mit den Materialien vor ihm ab.
- Nehmen Sie mit dem Dreifingergriff langsam ein Plättchen aus der Schüssel. Legen Sie sie auf eine Schuppe in der Mitte des Fischs.
- Wiederholen Sie diese Handlung langsam. Versuchen Sie, die Plättchen von oben nach unten und von links nach rechts abzulegen.
- Fordern Sie Ihr Kind auf, die Übung zu wiederholen, bis der Fisch vollständig gefüllt ist.
- Zeigen Sie ihm dann langsam, wie es die Plättchen mit dem Dreifingergriff wieder abnimmt und zurück in die Schüssel legt.
- Bieten Sie dem Kind an, diese Übung so oft zu wiederholen, wie es möchte.

Info

- Diese Übung könnte bei einem Ausflug ans Meer auch im Freien durchgeführt werden.
- Es darf natürlich auch eine Seifenschale in einer anderen Form sein.

18

Perlen auf Golf-Tees legen

ab **2** Jahre

Motorische Entwicklung (Feinmotorik)

Material

- Golf-Tees (kleine Halter, auf die man Golfbälle legen kann) in verschiedenen Farben
- Große Holzperlen in den gleichen Farben wie die Tees (so viele Perlen wie Tees)
- Ein Stück Styropor
- Ein Körbchen für die Holzperlen
- Ein Tisch

Direkte Ziele

- Förderung der Feinmotorik
- Förderung der Konzentration
- Anregung des Sehsinns
- Farben erkennen

Indirekte Ziele

- Vorbereitung auf das Schreiben
- Förderung der Selbstständigkeit
- Körperkoordination

Vorbereitung

- Stecken Sie die Golf-Tees in ein Stück Styropor. Beginnen Sie die Übung mit 6 Tees. Später können Sie auf 10 steigern.

Durchführung

- Legen Sie das Styroporstück mit den Tees vor dem Kind auf einen Tisch. Stellen Sie den Korb mit den Perlen zu Ihrer Linken ab.
- Erfassen Sie eine Perle mit dem Dreifingergriff. Legen Sie sie vorsichtig auf das gleichfarbige Tee.
- Wiederholen Sie dies einige Male.
- Wenn alle Perlen abgelegt sind, nehmen Sie sie von den Tees ab und legen sie in den Korb zurück. Gehen Sie von links nach rechts vor.
- Schlagen Sie Ihrem Kind vor, die Übung selbst durchzuführen.

Info

- Sobald das Kind diese Übung beherrscht, können Sie eine Pinzette anbieten, mit dem die Perlen auf die Tees gelegt werden sollen.
- Sie können die Perlen auch durch kleinere Murmeln oder Perlen ersetzen.

19
Blätter ihren Bäumen zuordnen

ab
2
Jahre

Motorische Entwicklung (Feinmotorik)

Material

- 24 kleine Magnete
- 3 Stücke Filz in den Farben Gelb, Rot und Grün, je ca. 20 cm x 30 cm
- Ein kleiner Korb
- Klebstoff
- Eine Schere
- Ein Tisch

Direkte Ziele

- Förderung der Feinmotorik
- Förderung der Konzentration
- Anregung des Sehsinns
- Farben erkennen
- Sortieren lernen

Indirekte Ziele

- Vorbereitung auf das Schreiben
- Förderung der Selbstständigkeit
- Körperkoordination

Vorbereitung

- Zeichnen Sie auf jedes Stück Filz einen Baum und schneiden Sie ihn aus.
- Kleben Sie an die Äste jedes Baumes 4 kleine Magnete (beliebige Anordnung).
- Zeichnen Sie auf jedes Filzstück 4 Blätter und schneiden Sie sie aus.
- Kleben Sie auf jedes Blatt einen kleinen Magneten.
- Legen Sie alle Blätter in den kleinen Korb.

Durchführung

- Legen Sie die Filzbäume vor dem Kind auf einen Tisch. Das Körbchen steht links von ihm.
- Nehmen Sie ein Blatt und befestigen Sie es an einem Ast des Baumes in der gleichen Farbe.
- Nehmen Sie ein Blatt in einer anderen Farbe und befestigen Sie es ebenfalls am Ast des Baumes in der entsprechenden Farbe.
- Fahren Sie so langsam fort.
- Schlagen Sie Ihrem Kind dann vor, dies Übung selbst fortzusetzen.
- Wenn alle Blätter befestigt sind, nehmen Sie sie einzeln wieder ab, um sie zurück in den Korb zu legen.

Info

- Unterstützend können Sie dem Kind erklären: »*Ich nehme ein gelbes Blatt und lege es auf den gelben Baum*« usw.
- Wenn das Kind die Übung beherrscht, können Sie sie steigern, indem Sie ihm eine Pinzette zum Greifen der Blätter geben.

20

Strohhalme durch eine Röhre schieben

ab 18 Monate

Material

- Papprollen (von Küchen- oder Toilettenpapier)
- Eine Schere mit spitzen Enden
- Papierstrohhalme (beliebig viele)
- Ein Korb für die Strohhalme
- Ein Tablett
- Ein Tisch

Direkte Ziele

- Förderung der Feinmotorik
- Förderung der Konzentration

Indirekte Ziele

- Vorbereitung auf das Schreiben
- Förderung der Selbstständigkeit
- Körperkoordination

Vorbereitung

- Stechen Sie mit der Schere Löcher in die Papprollen. Sie müssen so angeordnet sein, dass man die Strohhalme ganz durchstecken kann.

Durchführung

- Stellen Sie das Tablett mit dem Material vor dem Kind auf den Tisch.
- Nehmen Sie die Rolle und stellen Sie sie senkrecht hin.
- Erfassen Sie mit dem Dreifingergriff einen Strohhalm.
- Schieben Sie den Strohhalm durch ein Loch und durch das Loch an der gegenüberliegenden Seite wieder heraus.
- Wiederholen Sie dies mit einem zweiten Strohhalm.
- Schlagen Sie Ihrem Kind dann vor, allein weiterzumachen.
- Wenn alle Strohhalme in die Löcher gesteckt sind, beginnen Sie, sie herauszuziehen und wieder in den Korb zu legen.

Info

- Anschließend können Sie die Übung steigern. Malen Sie um jedes Loch einen farbigen Ring und stellen Sie Strohhalme in derselben Farbe bereit. Das Kind soll nun in jedes Loch einen Strohhalm in der passenden Farbe schieben.

21 Einen Trinkhalm in einen gelochten Deckel stecken

ab 18 Monate

Material

- Ein Glas mit einem gelochten Deckel
- Ein Trinkhalm
- Ein Tablett
- Ein Tisch

Direkte Ziele

- Förderung der Feinmotorik
- Förderung der Konzentration

Indirekte Ziele

- Vorbereitung auf das Schreiben
- Förderung der Selbstständigkeit
- Körperkoordination

Durchführung

- Stellen Sie das Tablett mit Glas und Trinkhalm vor Ihrem Kind auf einen Tisch.
- Nehmen Sie den Trinkhalm mit dem Dreifingergriff auf. Schieben Sie ihn langsam in das Loch im Deckel.
- Ziehen Sie ihn heraus und legen Sie ihn wieder auf das Tablett.
- Schlagen Sie Ihrem Kind an, die Übung nachzumachen.

Info

- Sie können die Übung mit unterschiedlich großen Strohhalmen und Löchern variieren.

22

Schrauben in passende Muttern drehen

ab 2½ Jahre

Material

- Holzplättchen
- Muttern in verschiedenen Größen
- Klebstoff
- Schrauben in verschiedenen Größen
- Werkzeuge für die verschiedenen verwendeten Muttern und Schrauben (Schraubendreher, Schraubenschlüssel)
- Ein Korb für die Schrauben und Muttern
- Ein Beutel für die Werkzeuge
- Ein Tisch

Direkte Ziele

- Schrauben festziehen und lösen
- Die richtige Mutter für eine Schraube finden
- Förderung der Feinmotorik
- Förderung der Konzentration
- Anregung des Sehsinns (Formen erkennen)

Indirekte Ziele

- Vorbereitung auf das Schreiben
- Förderung der Selbstständigkeit
- Körperkoordination

Vorbereitung

- Kleben Sie die Muttern nach Größe geordnet auf die Holzplättchen (ein Plättchen pro Größe).

Durchführung

- Legen Sie alle Materialien auf den Tisch und zeigen Sie sie Ihrem Kind.
- Nehmen Sie ein Plättchen und befestigen Sie die Schraube mithilfe des passenden Werkzeugs in der entsprechende Mutter. Erfassen Sie das Werkzeug mit dem Dreifingergriff. Setzen Sie die Schraube in die Mutter und schrauben Sie sie fest.
- Wiederholen Sie dasselbe mit einer oder 2 Muttern. Fordern Sie dann das Kind auf, es Ihnen nachzutun.
- Wenn alle Muttern festgeschraubt sind, lösen Sie sie wieder und legen alle Teile an ihren Platz zurück.

Info

- Da diese Aktivität kompliziert ist, können Sie ruhig mit einem einzigen Plättchen mit nur einer Art von Mutter, Schraube und Schraubendreher beginnen.

23

Sand sieben

ab **2** Jahre

Motorische Entwicklung (Feinmotorik)

Material

- Eine kleine Schüssel mit Sand und kleinen Gegenständen (z. B. Steinen oder Muscheln)
- Ein Sieb
- Eine leere Schüssel (passend zur Größe des Siebs)
- Ein Behälter
- Ein kleiner Holzlöffel
- Ein Tablett
- Ein Tisch

Direkte Ziele

- Förderung der Feinmotorik
- Förderung der Konzentration

Indirekte Ziele

- Vorbereitung auf das Schreiben
- Förderung der Selbstständigkeit

Durchführung

- Legen Sie die Materialien auf das Tablett: Alles ist auf der linken Seite angeordnet, nur der kleine Löffel liegt vorn.
- Legen Sie das Sieb auf die leere Schüssel.
- Schütten Sie langsam den Sand mit den Gegenständen in das Sieb.
- Rühren Sie den Sand mit dem Löffel um, damit er leichter durch das Sieb rieselt und die kleinen Gegenstände sichtbar werden.
- Nun die kleinen Gegenstände in den leeren Behälter schütten.
- Sie können Ihr Kind während der Übung bitten, allein fortzufahren.
- Wenn die Aktivität beendet ist, die kleinen Gegenstände wieder in den Sand schütten und mit dem Löffel umrühren, sodass sie nicht mehr zu sehen sind. Dann kann die Übung wiederholt werden.

Entwicklung der Sinne

1

Schwarz-Weiß-Bilder anschauen

ab Geburt

Material

- A4-Bögen mit aufgedruckten schwarz-weißen Motiven (geometrische Formen, stilisierte Tiere, Bäume, Blumen), laminiert
- Klebeband oder ablösbare Klebepads

Direkte Ziele

- Anregung des Sehsinns
- Förderung der Konzentration

Indirekte Ziele

- Sich selbst in seiner direkten Umgebung einordnen
- Entwicklung des Selbstvertrauens
- Förderung der Selbstentfaltung

Durchführung

- Hängen Sie die laminierten Blätter an den Orten auf, an denen sich Ihr Kind aufhält, z. B. neben seinem Wickeltisch, an der Wand neben seiner Krabbeldecke usw.
- Befestigen Sie die Blätter mit Klebeband oder Klebepads auf Augenhöhe und nahe beim Kind, denn sein Sehvermögen ist noch nicht sehr gut.
- Wechseln Sie die Bilder regelmäßig (einmal pro Woche).

Info

- Sie können Ihrem Kind auch Schwarz-Weiß-Bücher zeigen, die Sie senkrecht auf seine Krabbeldecke stellen.

2

Einen Turm aus Klötzen bauen

ab 2 Jahre

Abhängig von der Anzahl der Klötze

Material

- Ein Teppich
- 10 Bauklötze (der größte 10 x 10 x 10 cm, der kleinste 1 x 1 x 1 cm)

Direkte Ziele

- Anregung des Sehsinns
- Einen Turm bauen, Klötze nach Größen absteigend
- Förderung der Konzentration

Indirekte Ziele

- Förderung der Auge-Hand-Koordination
- Ziele einhalten
- Förderung des logischen Denkens
- Vorbereitung auf das Dezimalsystem
- Anregung der Sprache

Durchführung

- Setzen Sie sich mit Ihrem Kind bequem auf den Teppich.
- Suchen Sie gemeinsam den kleinsten Bauklotz. Legen Sie sie ihn an eine beliebige Stelle auf dem Teppich.
- Legen Sie den größten Bauklotz in etwas Abstand auf den Teppich und die restlichen dazwischen. Bauen Sie einen Turm: Mit dem größten Bauklotz beginnen und mit dem kleinsten enden.
- Legen Sie eine Pause ein.
- Den Turm Klotz für Klotz abbauen und erneut aufbauen.
- Wieder abbauen. Die Klötze einzeln wegräumen.

Info

- Wenn Ihr Kind noch sehr jung ist (etwa 18 Monate), beginnen Sie mit 5 Klötzen. Dafür jede zweite Größe aussortieren.
- Wenn dem Kind der Turmbau gelingt, kann es mit den Klötzen andere Formen bauen, etwa sie waagerecht oder über Eck aneinander reihen.
- Es gibt Karten zum Ausdrucken, auf denen Bauklotz-Kombinationen abgebildet sind. Sie können dem Kind als Vorlage dienen.

3

Gegenstände nach Farben sortieren

ab 18 Monate

Abhängig von der Anzahl der Elemente

Material

- Klebeplättchen in verschiedenen Farben
- Ein Tischset mit Streifen oder ein ausgedrucktes, laminiertes Blatt Papier mit Streifen
- Ein Tisch
- Kleine Gegenstände in verschiedenen Farben
- Eine hübsche Schachtel für die Gegenstände

Direktes Ziel

- Gegenstände nach Farben sortieren

Indirekte Ziele

- Anregung des Sehsinns
- Farben erkennen
- Wortschatzaufbau
- Förderung der Konzentration

Vorbereitung

- Kleben Sie oben auf jeden Streifen des Tischsets (oder in jede Spalte des laminierten Blatts) ein farbiges Plättchen.

Durchführung

- Setzen Sie sich mit Ihrem Kind an den Tisch. Das Tischset liegt vor Ihnen.
- Nehmen Sie nacheinander die kleinen Gegenstände aus der Schachtel und stellen Sie sie in die Nähe eines Farbplättchens. Fragen Sie das Kind: »*Ist es die gleiche Farbe?*« Wenn ja, stellen Sie den Gegenstand in die Spalte mit dem entsprechenden Farbplättchen. Wenn nicht, gehen Sie weiter zur nächsten Spalte. Wieder-

holen Sie die Frage, bis das Kind die richtige Spalte gefunden hat.

- Schlagen Sie Ihrem Kind dann vor, die Aktivität allein fortzusetzen.
- Am Ende der Aktivität können Sie ihm sagen: »*Du hast alle kleinen Gegenstände in die richtigen Spalten sortiert. Alle roten kleinen Gegenstände sind in der roten Spalte, alle grünen kleinen Gegenstände sind in der grünen Spalte …*«. Zeigen Sie dabei auf die farbigen Plättchen und fahren Sie dann mit dem Finger über die ganze Spalte.

Info

- Beginnen Sie diese Übung mit nur 3 Farben: Gelb, Rot und Blau. Im Laufe der Zeit wird sie durch weitere Farben und Gegenstände erweitert.
- Sie können die Gegenstände je nach Interessen Ihres Kindes variieren. Achten Sie aber darauf, dass die Anzahl der Gegenstände für jede Farbe gleich ist und dass alle Gegenstände eine eindeutige Farbe haben.

Entwicklung der Sinne

4

Dinge aus der Natur ihren Farben zuordnen

ab 3 Jahre

Material

- 9 farbige Plättchen oder Holzplättchen (nach Belieben) und Spraydosen mit verschiedenen Farben (nach Belieben)
- Ein großer Teppich
- Ein Korb mit Dingen aus der Natur (Zweige, Blumen, Blütenblätter, Blätter, Obst, Gemüse, Steine, Federn)

Direkte Ziele

- Anregung des Sehsinns
- Beobachten lernen
- Farben erkennen
- Sprachförderung
- Förderung der Konzentration

Indirekte Ziele

- Sich selbst in seiner direkten Umgebung einordnen
- Achtung vor der Natur

Vorbereitung

- Wenn Sie die Farbplättchen selbst herstellen wollen, brauchen Sie 9 Holzplättchen (4 x 6 cm), die Sie mit Farbe einsprühen.

Durchführung

- Breiten Sie alle Farbplättchen auf dem Teppich aus. Bevor Sie beginnen, können Sie mit Ihrem Kind überprüfen, ob es alle Farben kennt.
- Leeren Sie den Korb auf dem Teppich aus.
- Bitten Sie Ihr Kind, ein Element auszuwählen und das Farbplättchen zu wählen, das der Farbe des Elements am nächsten kommt. Legen Sie das Naturelement und das Plättchen zusammen auf die Seite. Fahren Sie in dieser Weise fort.
- Bei der Übung können Sie dem Kind Begriffe vermitteln, etwa die Namen von Blumen und Bäumen, die Form von Steinen usw. Staunen Sie gemeinsam über die außergewöhnlichen und sehr unterschiedlichen Farben der Natur.

Info

- Diese Aktivität kann regelmäßig durchgeführt und je nach Jahreszeit variiert werden. Sie hilft dem Kind dabei, ökologisches Verantwortungsgefühl zu entwickeln.
- Montessori-Farbplättchen in 9 verschiedenen Farbtönen kann man im Fachhandel kaufen.

5

Natur-Memory

ab **2–3** Jahre

Abhängig von der Anzahl der Elemente

Material

- Ein Tisch
- Ein Tablett
- 12 runde oder eckige Schachteln aus einfarbigem Karton mit einem Durchmesser von ca. 5 cm und einer Höhe von ca. 5 cm.
- 12 Gegenstände aus der Natur in Paaren, die sich ähneln (2 Haselnüsse, 2 Eicheln, 2 Walnüsse, 2 Kleeblätter, 2 kleine orange oder gelbe Blumen, 2 kleine Steine)

Direkte Ziele

- Anregung des Sehsinns
- Gedächtnistraining

Indirekte Ziele

- Wortschatzaufbau
- Förderung der Feinmotorik

Durchführung

- Setzen Sie sich mit Ihrem Kind an einen Tisch. Stellen Sie die Schachteln in rechteckiger Anordnung auf: 3 Schachteln in der Breite und 4 Schachteln in der Länge. Die Deckel liegen davor.
- Legen Sie in jede Schachtel einen Gegenstand aus der Natur, aber nie 2 gleiche Gegenstände nebeneinander.
- Fordern Sie das Kind auf, sich den gesamten Inhalt der Schachteln genau anzusehen (am Anfang werden sie nicht benannt). Passen Sie die Anzahl der Schachteln an das Alter Ihres Kindes an.
- Verschließen Sie die Schachteln.
- Bieten Sie Ihrem Kind an, eine Dose zu öffnen und den Deckel davor abzulegen.

- Bitten Sie Ihr Kind, genau hinzusehen und sich zu merken, wo sich die Schachtel mit dem gleichen Gegenstand befindet. Das Kind zeigt auf die Schachtel und darf sie dann öffnen. Sind die Gegenstände gleich, schließt es die Schachteln und legt sie zur Seite. Es darf so lange fortfahren, wie es zusammengehörige Paare findet.
- Wenn es sich irrt, sind Sie an der Reihe. So geht es weiter, bis keine Schachteln mehr auf dem Spielfeld liegen.
- Anschließend können Sie Ihr Kind fragen, ob es die Gegenstände in den Schachteln kennt. Wenn nicht, nennen Sie ihm die Namen zweimal und lassen das Kind dann wiederholen.

Info

- Der Inhalt der Schachteln kann entsprechend der Jahreszeiten variiert werden, aber auch auf einen Ort abgestimmt sein. Am Meer kann man z. B. verschiedene Arten von Muscheln sammeln und auf dem Land verschiedene Getreidesorten.
- Um die Übung dem Alter des Kindes anzupassen, variieren Sie die Anzahl der Schachtelpaare. Beginnen Sie mit wenigen und erhöhen Sie die Zahl allmählich.

6

Obst und Gemüse sortieren

ab **2–3** Jahre

Abhängig von der Anzahl der Elemente und der Schwierigkeit

Material

- Ein Küchenmesser
- Gemüse, Obst oder Kräuter (Brokkoli, Kiwi, grüner Apfel, weiße Bohne, helle Weintraube, Gurke, grüne Bohne, Petersilie, grüne Paprika)
- Eine Muffinform aus Metall mit 12 Vertiefungen
- Ein Weidenkorb
- Ein Tisch

Direkte Ziele

- Anregung des Sehsinns
- Wortschatzaufbau
- Sortieren lernen
- Förderung der Konzentration
- Förderung der Feinmotorik

Indirekte Ziele

- Die Natur beobachten
- Sortieren
- Anregung von Geruchs- und Geschmackssinn

Vorbereitung

- Putzen Sie das Obst und Gemüse und schneiden Sie es in Stücke, die in die Vertiefungen der Muffinform passen.
- Legen Sie die geschnittenen Stücke in den Weidenkorb.

Durchführung

- Setzen Sie sich mit Ihrem Kind an einen Tisch. Das Material steht vor Ihnen.
- Nehmen Sie ein Stück aus dem Korb, legen Sie es in eine Vertiefung der Form und benennen Sie es. Nehmen Sie dann ein weiteres Stück und legen Sie es in eine andere Mulde und nennen Sie dabei seinen Namen. Fahren Sie auf diese Weise fort.

- Wenn Sie auf ein Stück der gleichen Sorte stoßen, legen Sie es in dieselbe Vertiefung wie sein Doppelgänger.
- Fordern Sie Ihr Kind auf, allein weiterzumachen, bis nichts mehr im Korb ist.
- Dann können Sie Ihr Kind fragen, ob es bestimmte Früchte, Gemüse oder Kräuter erkennt, ob es sie schon einmal probiert hat und welche es am liebsten mag. Lassen Sie das Kind daran riechen und danach probieren.
- Sie können dem Kind auch in 3 Schritten Begriffe für Geruch und Geschmack vermitteln und ihm dann erklären, was man roh und was gekocht essen kann.

Info

- Sobald Ihr Kind mit dem Vokabular der verschiedenen pflanzlichen Lebensmittel vertraut ist, können Sie ihm vorschlagen, sich die Augen zu verbinden und die Lebensmittel nur anhand des Geruchs zu sortieren oder zu benennen. Beginnen Sie mit wenigen Lebensmitteln und steigern Sie die Anzahl langsam.
- Ebenso könnte das Kind roh essbare Lebensmittel mit verbundenen Augen nach Geschmack sortieren.

7

Vögel und Gefieder zuordnen

ab 2 Jahre

Material

- Ein Tischset in einer hellen Farbe
- Ein Tisch
- Ein Tablett
- 6 hübsche Bilder von Vögeln mit unterschiedlichen Federn, ausgeschnitten und laminiert
- Runde Scheiben (mit Abbildungen der Vogelfedern)
- Ein Korb für die Vogelbilder
- Ein Korb für die Scheiben

Direkte Ziele

- Vögel am Gefieder erkennen
- Anregung des Sehsinns
- Förderung der Konzentration

Indirekte Ziele

- Assoziationsfähigkeit
- Wortschatzaufbau

Durchführung

- Legen Sie das Set auf einen Tisch vor sich und dem Kind. Stellen Sie das Tablett mit allen Materialien dazu.
- Zeigen Sie Ihrem Kind das Körbchen mit den Vogelbildern und sagen Sie: »*Schau, in diesem Körbchen sind hübsche Vögel.*«
- Zeigen Sie den anderen Korb und sagen Sie: »*Hier sind Bilder von verschiedenen Federn. Wir wollen herausfinden, zu welchem Vogel sie gehören.*«

- Nehmen Sie ein Vogelbild aus dem Korb. Legen Sie es vor das Kind.
- Nehmen Sie dann eine Scheibe, die Sie an den Vogel halten. Fragen Sie: »*Ist das derselbe Vogel?*« Wenn ja, legen Sie Vogelbild und Scheibe zusammen in die linke obere Ecke des Tischsets. Wenn nicht, legen Sie die Scheibe rechts neben den Korb mit den Scheiben und ziehen Sie eine weitere, bis die richtige gefunden ist.
- Wiederholen Sie diese die Übung. Alle zusammengehörigen Paare werden in einer Reihe oben auf dem Tischset abgelegt.
- Bitten Sie Ihr Kind, dies allein zu tun.
- Am Ende der Übung können Sie auf jedes Paar zeigen und sagen: »*Siehst du, du hast zu jedem Vogel die richtige Feder gefunden.*«

8

Einen Greifwürfel fangen

ab 3 Monate

Material

- Ein Greifwürfel (ein Stoffwürfel mit verschiedenen Texturen und kleinen Gegenständen, die daran hängen)
- Eine Schnur, einen Nagel und einen Hammer zum Aufhängen des Würfels

Direkte Ziele

- Den Gegenstand ergreifen, ihn von einer Hand in die andere nehmen und betasten
- Anregung von Seh- und Tastsinn
- Förderung der Konzentration

Indirekte Ziele

- Aufmerksamkeit fördern
- Neugierde wecken
- Das willentliche, überlegte und kontrollierte Greifen schulen

Durchführung

- Hängen Sie den Greifwürfel über dem Kind auf. Es ist wach und liegt auf dem Rücken. Der Würfel muss so niedrig hängen, dass es mit den Beinen oder Händen nach ihm schlagen kann. Dadurch beginnt das Kind, Ursache und Wirkung zu verstehen.
- Senken Sie den Würfel langsam ab, damit es ihn greifen kann.
- Wenn Ihr Kind den Würfel greifen kann, legen Sie ihn in seine Nähe. So kann es ihn sehen, wenn es den Kopf dreht, und nach ihm greifen.
- Lassen Sie Ihr Kind den Würfel dann allein erkunden.

Info

- Für ein sehr kleines Kind könnten Sie einen Würfel in Schwarz-Weiß wählen, den es besser sehen kann. Er kann später gegen einen farbigen Würfel ausgetauscht werden.

9

Ein Buch aus Stoff durchblättern

ab
6
Monate

Material

- Nähutensilien
- Quadrate aus Filz, 20 cm x 20 cm
- Verschiedene Materialien (Knöpfe, Bänder, Reste von Kunstleder, Kunstpelz, Spitze, Satin)
- Ein Teppich

Direkte Ziele

- Verschiedene Materialien ertasten
- Anregung des Tastsinns

Indirekte Ziele

- Neugier wecken
- Das Interesse für Bücher wecken

Vorbereitung

- Nähen Sie die Filzquadrate so zusammen, dass ein kleines Buch entsteht.
- Nähen Sie verschiedene Materialien auf die Seiten, je nachdem, welche Geschichte Sie Ihrem Kind erzählen möchten.

Durchführung

- Machen Sie es sich mit Ihrem Kind auf einem Teppich bequem. Benutzen Sie das Buch, um sich eine kleine Geschichte mit Szenen und Figuren auszudenken, die Sie mit den von Ihnen gewählten Materialien bekleiden.

- Schlagen Sie Ihrem Kind dann vor, gemeinsam in dem Buch zu blättern und die verschiedenen Materialien zu berühren.
- Zeigen Sie ihm alle Möglichkeiten des Tastens und geben Sie ihm Zeit, jede Seite allein zu entdecken.
- Sie können dabei Begriffe für Empfindungen einführen, indem Sie sagen »*Fühle und schau, wie weich es ist (wie kratzig, wie glatt).*«
- Nachdem Sie die Seite vollständig mit ihm erkundet haben, lassen Sie es wieder allein damit hantieren.

Info

- Solche Bücher können mit der Zeit immer anspruchsvoller gestaltet werden, beispielsweise mit verschiedenen Verschlüssen von Kleidungsstücken, mit den Buchstaben des Vornamens des Kindes in verschiedenen Texturen, mit einer Perlenschnur zum Zählen usw.
- Solche Bücher kann man gut mitnehmen. Sie sind sehr nützlich, um ein Kind auf längeren Fahrten oder in Wartezeiten zu beschäftigen.
- Sie können solche Bücher auch thematisch gestalten: geometrische Formen, Farben, Blumen oder Fahrzeuge.

10

Knöpfe nach Farben sortieren

ab 18 Monate

Material

- Ein Tablett
- Ein Tisch
- 6 Knöpfe in verschiedenen Formen und 3 Farben
- Eine Schachtel für die Knöpfe
- 3 einfarbige Schälchen, eine für jede Knopffarbe

Direkte Ziele

- Anregung des Sehsinns
- Dinge nach Farben sortieren
- Förderung der Konzentration

Indirekte Ziele

- Wortschatzaufbau
- Förderung der Feinmotorik
- Vorbereitung auf das Schreiben

Durchführung

- Stellen Sie das Tablett mit den Materialien auf den Tisch.
- Nehmen Sie einen Knopf aus der Schachtel.
- Halten Sie den Knopf an ein Schälchen, und fragen Sie: »*Ist es die gleiche Farbe?*« Wenn ja, legen Sie den Knopf in die Schale. Wenn nicht, an die nächste Schale halten und die Frage wiederholen.
- Fahren Sie in dieser Weise fort.
- Schlagen Sie Ihrem Kind dann vor, die Übung allein fortzusetzen.
- Am Ende der Übung zeigen Sie auf die Schälchen und sagen: »*Du hast alle Knöpfe in die richtigen Schälchen gelegt. Alle blauen Knöpfe sind in der blauen Schale, alle gelben Knöpfe sind in der gelben Schale …*«.

Info

- Mit 3 Farben beginnen (Rot, Gelb, Blau) und langsam steigern.

11

Kleine Flaschen schütteln

ab
3
Monate

Material

- Kleine Plastikflaschen (330 ml) mit Deckel
- Wasser
- Lebensmittelfarbe
- Ein Löffel
- Eine Heißklebepistole
- Verschiedene körnige Materialien (Linsen, Grieß, Reis, Kichererbsen, Sesam)
- Ein Tisch

Direkte Ziele

- Sehsinn und Gehör anregen
- Förderung der Konzentration
- Verstehen von Ursache und Wirkung

Indirekte Ziele

- Logisches Denken lernen
- Förderung der Feinmotorik
- Stärkung von Geduld und Ausdauer

Vorbereitung

- Wenn Sie den Sehsinn Ihres Kindes fördern möchten, füllen Sie die Flaschen mit Wasser, das Sie mit einigen Tropfen Lebensmittelfarbe einfärben.
- Schließen Sie die Deckel und versiegeln Sie sie mit einer Heißklebepistole, damit sich die Flaschen nicht öffnen können.

- Wenn Sie das Gehör des Kindes ansprechen möchten, füllen Sie die Flaschen zu 3 Vierteln mit verschiedenen körnigen Materialien.

Durchführung

- Setzen Sie sich mit Ihrem Kind an den Tisch. Zeigen Sie ihm eine Flasche.
- Um seinen Sehsinn anzuregen, schütteln Sie eine Flasche mit farbigem Wasser. Lassen Sie die Flasche dann neben dem Kind stehen, damit es sie weiter betrachten kann.
- Um sein Gehör zu stimulieren, schütteln Sie eine mit Körnern gefüllte Flasche. Versuchen Sie dann, die Flasche in seine Hand zu legen. Je nach Alter des Kindes kann es sie selbst schütteln.

Info

- Die Füllungen lassen sich variieren. Sie können verschiedene Lebensmittelfarben verwenden oder eine Mischung aus Öl und Wasser in die Flasche geben.
- Wenn Ihr Kind älter ist, können Sie kleine Gegenstände in Flaschen mit Reis verstecken. Geben Sie ihm eine Liste mit den Namen und Bildern der Gegenstände, die es finden soll.
- Diese Flaschen sind sehr nützlich, um Ihr Kind zu beschäftigen oder sogar zu beruhigen.

12

Gegenstände in einer Wanne finden

ab **18** Monate

Abhängig von der Anzahl der Elemente

Entwicklung der Sinne

Material

- Eine Plastik- oder Holzwanne, etwa 30 cm x 20 cm
- Sand (oder bunter Reis, Tannenzapfen, kleine Steinchen, Linsen, Nudeln, Sägemehl, Herbstblätter)
- Kleine Gegenstände (Muscheln und Plastikfische im Sommer, kleine Kürbisse oder Kastanien im Herbst usw.)
- Ein Blatt Papier (optional)
- Ein Drucker (optional)
- Ein Laminiergerät und Laminierfolien (optional)
- Ein Teppich oder eine Plastikplane
- Ein Korb

Direkte Ziele

- Tast- und Sehsinn anregen
- Beobachten lernen
- Sprachförderung
- Förderung der Konzentration

Indirekte Ziele

- Orientierung im Jahreslauf oder an Festtagen
- Entwicklung des Selbstvertrauens

Vorbereitung

- Füllen Sie die große Wanne mit Sand. Je nach Jahreszeit oder Vorlieben des Kindes kann auch ein anderes Material verwendet werden.

- Verstecken Sie kleine Gegenstände in der Wanne. Lassen Sie sich auch hier von der Jahreszeit oder einem bestimmten Thema leiten.
- Sie können Zeichnungen oder Bilder der zu suchenden Gegenstände auf einem Blatt Papier ausdrucken und es laminieren, damit es stabiler wird.

Durchführung

- Stellen Sie die Wanne auf einen Teppich oder eine Plastikplane, die leichter zu reinigen ist.
- Zeigen Sie Ihrem Kind das Blatt, auf dem die kleinen Gegenstände abgebildet sind. Zeigen Sie auf einen Gegenstand und erklären Sie, dass Sie diesen suchen werden.
- Stecken Sie die Hände in die Wanne und suchen Sie, indem Sie den Inhalt vorsichtig bewegen.
- Wenn Sie den Gegenstand gefunden haben, sagen Sie: »*Ich habe ihn gefunden*«. Legen Sie ihn in ein dafür vorgesehenes Körbchen.
- Fahren Sie fort und schlagen Sie dann dem Kind vor, es selbst zu versuchen.
- Wenn alle Gegenstände gefunden wurden, legen Sie sie wieder in den Behälter zurück und verstecken sie für ein anderes Mal.

Info

- Diese Aktivität kann gut variiert werden, beispielsweise mit Paaren von Gegenständen, die das Kind finden soll.
- Sie können dem Kind auch vorschlagen, »blind« zu suchen. Dafür darf das Kind den Gegenstand zuerst mit verbundenen Augen betasten. Dann wird er versteckt und das Kind sucht – weiterhin mit verbundenen Augen.

13

Gegenstände aus der Natur nach Größe sortieren

ab 18 Monate

Entwicklung der Sinne

Material

- 3 kleine Schalen oder Schachteln
- Ein Tisch
- Ein Korb oder eine größere Schachtel

Direkte Ziele

- Anregung des Sehsinns
- Beobachten lernen
- Förderung der Konzentration

Indirekte Ziele

- Sich selbst in seiner direkten Umgebung einordnen
- Die Natur beobachten
- Entwicklung des Selbstvertrauens

Durchführung

- Stellen Sie die 3 kleinen Schalen draußen oder im Haus auf einen Tisch.
- Nehmen Sie den Korb oder die Schachtel und sagen Sie zu Ihrem Kind: »*Wir sammeln jetzt Blätter.*« Alternativ können Sie andere Gegenstände aus der Natur wie Muscheln, Steine, Blütenblätter oder kleine Stücke von Ästen verwenden.
- Legen Sie die Fundstücke in den Korb.
- Wenn Sie eine bestimmte Anzahl gesammelt haben, gehen Sie nach Hause und breiten Sie die Fundstücke auf dem Tisch aus.

- Erklären Sie Ihrem Kind: »*Wir werden sie jetzt in diese 3 Schalen einsortieren. In diese Schale legen wir die kleinsten Blätter, in diese Schale die mittleren und in diese die großen.*«
- Wenn Ihrem Kind Größenverhältnisse noch nicht vertraut sind, zeigen Sie ihm ein großes Blatt und sagen: »*Dieses Blatt ist groß*«. Zeigen Sie ebenso die beiden anderen Größen.
- Legen Sie den Gegenstand in die entsprechende Schale. Sagen Sie dazu: »*Dieses Blatt ist groß, darum lege ich es hierhin.*«
- Fordern Sie das Kind anschließend auf, dies allein zu tun.
- Erklären Sie Ihrem Kind am Ende der Übung, dass man Dinge in allen Größen und Formen in der Natur findet.

Info

- Diese Aktivität kann der Jahreszeit oder dem Ort angepasst werden. Sie lässt sich auch mit mehreren Kindern durchführen, indem Sie die Kinder auffordern: »*Kannst du* [Name des Kindes] *bitte alle kleinen Muscheln suchen. Und* [Name des Kindes], *suchst du die großen? Magst du* [Name des Kindes] *versuchen, alle mittelgroßen zu finden? Legt alles, was du findet, auf das Handtuch.*« Wenn die Kinder ihre Schätze bringen, betrachten Sie sie gemeinsam.

14

Die Klammer in der richtigen Farbe finden

ab 2 Jahre

Entwicklung der Sinne

Material

- Ein Stück Pappe oder ein Blatt dickes weißes Papier
- Ein Laminiergerät und Laminierfolien (bei Bedarf)
- Ein Zirkel
- Ein Lineal
- Ein Bleistift
- Eine Schere
- Farben
- Ein Pinsel
- 18 Wäscheklammern aus Holz
- Ein Korb
- Ein Tablett
- Ein Tisch oder ein Teppich

Direkte Ziele

- Anregung des Sehsinns
- Farben erkennen
- Sprachförderung
- Förderung der Konzentration
- Förderung der Feinmotorik

Indirekte Ziele

- Beobachten lernen
- Vorbereitung auf das Schreiben
- Wortschatzaufbau

Vorbereitung

- Zeichnen Sie auf die Pappe oder das Papier einen Kreis mit ca. 10 cm Durchmesser.
- Teilen Sie den Kreis mit einem Lineal in 6 gleich große Teile.
- Schneiden Sie den Kreis mit der Schere aus.
- Bemalen Sie jeweils ein Sechstel mit einer der folgenden Farben: Rot, Violett, Blau, Grün, Gelb und Orange.
- Bemalen Sie die Enden der Wäscheklammern farbig: 3 x Rot, 3 x Violett, 3 x Blau, 3 x Grün, 3 x Gelb und 3 x Orange.
- Wenn möglich, laminieren Sie den Kreis, um eine stabile Scheibe zu erhalten.
- Legen Sie alle Wäscheklammern in einen Korb und stellen Sie dann das gesamte Material auf ein Tablett.

Durchführung

- Stellen Sie das Tablett vor sich und dem Kind auf.
- Nehmen Sie die farbige Scheibe heraus.
- Nehmen Sie eine Wäscheklammer und sagen Sie z. B.: »*Sie ist rot.*«
- Zeigen Sie auf der Scheibe den entsprechenden Teil und sagen Sie z. B.: »*Die Klammer ist rot, darum befestige ich sie an diesem Teil der Scheibe.*«
- Öffnen Sie die Wäscheklammer, indem Sie die Enden mit dem Dreifingergriff zusammendrücken.
- Klemmen Sie sie an den richtigen Teil der Scheibe.
- Wiederholen Sie den Vorgang mit einer anderen Klammer.
- Wenn Sie das Gefühl haben, dass Ihr Kind bereit ist, schlagen Sie ihm vor, selbstständig fortzufahren.

Info

- Sie können auch kleine Papierstücke (3 cm x 3 cm) in 4 verschiedenen Farben vorbereiten. Das Ziel besteht darin, sie nach Farben zu ordnen und mit einer Klammer in der gleichen Farbe zusammenzuhalten.

15

Sockenpaare finden

ab
2
Jahre

Entwicklung der Sinne

Material

- Ein Tischset in hellen Farben, ein Tisch
- 4 Paar kleine Socken mit verschiedenen Farben und Mustern, evtl. selbst genäht
- Ein Korb

Direkte Ziele

- Erkennen von Paaren
- Anregung des Sehsinns
- Förderung der Konzentration

Indirekte Ziele

- Formen und Farben erkennen
- Ähnlichkeit erkennen

Durchführung

- Legen Sie das Tischset vor sich und Ihrem Kind auf den Tisch.
- Zeigen Sie ihm den Korb mit den unsortierten Socken und erklären Sie: »*Hier liegen viele Socken. Wir wollen jetzt 2 gleiche Socken suchen, damit wir sie zusammen aufbewahren können.*«
- Legen Sie eine Socke in die Mitte des Tischsets.
- Ziehen Sie dann eine zweite Socke aus dem Korb. Legen Sie sie neben die erste. Fragen Sie: »*Sehen beide gleich aus?*« Wenn ja, nehmen Sie beide Socken und legen Sie sie in die linke obere Ecke des Tischsets. Wenn nicht, legen Sie sie rechts neben den Korb. Nun eine zweite Socke aus dem Korb ziehen und die Übung wiederholen.

- Führen Sie die Übung mehrmals durch. Legen Sie jedes neue Paar rechts neben das vorherige.
- Am Ende der Übung können Sie zu Ihrem Kind sagen: »*Siehst du, du hast alle Sockenpaare gefunden. 2 gleiche gehören immer zusammen.*«

Info

- Üben Sie zuerst mit nur 4 einfarbigen Sockenpaaren, die sich deutlich unterscheiden.
- Dann können Sie die Übung steigern, indem Sie die Anzahl der Paare erhöhen. Vor allem das Suchen von Mustern macht Kindern Spaß.
- Selbst genähte Socken aus Liberty®-Stoffen eignen sich sehr gut für diese Übung, weil die kleinen Blumen und ihre Farben eine Herausforderung für das Kind sind.
- Variieren Sie die Gegenstände je nach den Interessen Ihres Kindes, aber achten Sie darauf, dass Sie für jede Farbe immer die gleiche Anzahl von Socken bereithalten.

16

Gegenstände geometrischen Formen zuordnen

ab 2 Jahre

Material

- Ein Tischset
- Ein Tisch
- Geometrische Körper (am besten aus Holz)
- Kleine Gegenstände in geometrischen Formen (gleiche Anzahl und Form wie die Holzkörper)
- Ein Körbchen für die Holzkörper
- Ein Körbchen für die kleinen Gegenstände

Direkte Ziele

- Gegenstände geometrischen Formen zuordnen
- Anregung von Seh- und Tastsinn
- Förderung der Konzentration

Indirekte Ziele

- Wortschatzaufbau
- Entdecken der Geometrie
- Logisches Denken lernen

Durchführung

- Legen Sie das Tischset vor sich und dem Kind auf einen Tisch.
- Nehmen Sie die Holzkörper nacheinander aus dem Korb. Ordnen Sie sie von links nach rechts oben auf dem Tischset an.
- Überprüfen Sie, ob Ihr Kind die Namen der einzelnen Körper kennt, indem Sie nacheinander auf sie zeigen: »*Weißt du, wie dieser Körper heißt?*« Falls nötig, vermitteln Sie dem Kind die Namen.

- Zeigen Sie ihm den Korb und erklären Sie ihm: »*Jetzt wollen wir diese kleinen Dinge zu den richtigen Holzformen legen.*«
- Nehmen Sie einen Gegenstand in die Hand. Benennen Sie ihn, betrachten Sie ihn einen Moment lang, und bringen Sie ihn dann in die Nähe des entsprechenden Holzkörpers. Sagen Sie: »*Das ist das Gleiche.*« Legen Sie den Gegenstand neben den richtigen Holzkörper.
- Schlagen Sie Ihrem Kind vor, allein weiterzumachen.
- Wenn Ihr Kind einen kleinen Gegenstand herausnimmt und seinen Namen nicht kennt, warten Sie, bis es ihn vor den richtigen Holzkörper legt. Erklären Sie dann: »*Richtig, du hast den Würfel unter den Holzwürfel gelegt.*«
- Wenn die Übung beendet ist, bitten Sie Ihr Kind, die Holzkörper in einen Korb und die kleinen Gegenstände in den anderen Korb zu legen. Erlauben Sie ihm, die Übung so oft zu wiederholen, wie es möchte.

Info

- Beginnen Sie die Übung mit 3 Holzkörpern. Später können weitere Körper wie Pyramide, Zylinder, Prisma oder Kegel hinzukommen.
- Achten Sie darauf, dass Sie die kleinen Gegenstände, die zugeordnet werden sollen, regelmäßig austauschen und später durch ausgedruckte Bildkarten ersetzen.
- Beim Aufräumen können Sie die Gegenstände und Körper benennen und Ihr Kind bitten, sie entsprechend zu ordnen.

17 Finde die Zwillingspuppe

ab 12 Monate

Material

- Ein Teppich
- Ein Korb für die Puppen
- 3 Paare kleiner Puppen (2 gelbe, 2 rote und 2 blaue)

Direkte Ziele

- Dinge nach Farbe sortieren
- Anregung des Sehsinns
- Förderung der Konzentration

Indirektes Ziel

- Wortschatzaufbau

Durchführung

- Setzen Sie sich mit dem Kind bequem auf den Teppich.
- Nehmen Sie eine Puppe aus dem Korb, und sagen Sie: »*Ich nehme die blaue Puppe.*« Die Puppe vor dem Kind ablegen und die Übung mit einer gelben oder roten Puppe wiederholen. Die Puppen von links nach rechts aufreihen.
- Bitten Sie das Kind, Puppen gleicher Farben aus dem Korb zu nehmen. »*Hier liegt die blaue Puppe. Kannst du die andere blaue Puppe dazu legen? Ich nehme die rote Puppe. Kannst du mir die andere rote Puppe geben?*«
- Am Ende der Übung wird aufgeräumt. Sagen Sie: »*Gibst du mir bitte die beiden blauen Puppen? Die beiden gelben Puppen? Und die beiden roten?*«

Info

- Beginnen Sie die Übung mit 3 Puppen in den Primärfarben. Wenn das Kind die Übung beherrscht, können weitere Farben eingeführt werden.

18
Gleiche Texturen finden

ab
2
Jahre

Abhängig von der Anzahl der Elemente

Entwicklung der Sinne

Material

- Stabiler Kleber oder Nähzeug
- 6 Paar Stoffstücke, je 10 x 10 cm (Samt, Siede, Jeansstoff, Leinen, Wolle oder Kunstpelz)
- 6 Paar Filzstücke, je 12 x 12 cm
- Ein Tisch oder ein Teppich
- Ein undurchsichtiger Beutel für die Hälfte der Paare
- Ein Korb für die andere Hälfte der Paare
- Eine Augenbinde (nach Belieben)

Direkte Ziele

- Gleiche Texturen erkennen
- Anregung des Tastsinns
- Förderung der Konzentration

Indirekte Ziele

- Ein taktiles Gedächtnis entwickeln
- Wortschatzaufbau

Vorbereitung

- Kleben oder nähen Sie die Stoffstücke auf die Filzquadrate.

Durchführung

- Setzen Sie sich mit dem Kind an den Tisch oder auf den Teppich. Beginnen Sie mit 4 Paaren von Filzquadraten und fügen Sie die anderen hinzu, wenn Ihr Kind mit der Übung vertraut ist.
- Erklären Sie Ihrem Kind: *»Schau, in diesem Beutel sind Stoffstücke zum Anfassen. Wir wollen Paare finden.«*
- Nehmen Sie ein Quadrat heraus und lassen Sie Ihr Kind es ertasten. Nennen Sie ihm ruhig den Namen der Textur und des Gefühls, das man bei der Berührung empfindet.
- Dann sagen Sie: *»In dem Korb ist das gleiche Stoffstück. Das wollen wir finden. Wir werden es nur anfassen, aber nicht hinsehen.«* Das Kind schließt die Augen oder bekommt eine Augenbinde.
- Greifen Sie nun mit der Hand in den undurchsichtige Beutel und tun Sie so, als würden Sie ein wenig suchen. Nehmen Sie das passende Quadrat heraus.
- Lassen Sie Ihr Kind die beiden Quadrate betasten und stellen Sie gemeinsam mit ihm fest, dass beide sich gleich anfühlen. Legen Sie die Quadrate an den Rand des Teppichs oder Tischs.
- Fordern Sie Ihr Kind auf, die Übung allein fortzusetzen.
- Lassen Sie Ihr Kind am Ende der Übung alle Quadrate berühren, um zu sehen, ob es 6 verschiedene Paare vor sich hat.
- Bitten Sie Ihr Kind gegebenenfalls, die Paare zu ordnen, und bieten Sie ihm an, die Übung so oft zu wiederholen, wie es möchte.

19

Fühlen mit den Füßen

ab **2** Jahre

Material

- 6 Paar Einlegesohlen (größer als die Füße des Kindes)
- Materialien zum Ertasten (siehe Vorbereitung)
- Stabiler Klebstoff
- Ein hübscher Korb für die Sohlen

Direkte Ziele

- Verschiedene Dinge mit den Füßen berühren
- Den Tastsinn anregen
- Förderung der Konzentration

Indirekte Ziele

- Ein taktiles Gedächtnis entwickeln
- Wortschatzaufbau

Vorbereitung

- Kleben Sie auf den Teil der Sohlen, die mit den Füßen in Berührung kommen, verschiedene Materialien zum Ertasten (Eisstiele, Federn, Luftschlangen, Knöpfe, Sand, Stücke von Girlanden oder Perlen).

Durchführung

- Legen Sie die Sohlenpaare paarweise mit etwas Abstand zueinander auf dem Boden aus, um einen Sinnespfad zu schaffen.
- Erklären Sie Ihrem Kind: »*Schau, hier ist ein Weg für unsere Füße. Wir wollen unsere Schuhe ausziehen und auf jedes Paar Sohlen treten, um zu spüren, was wir unter unseren Füßen haben*«.
- Ziehen Sie Schuhe und Strümpfe aus und verstauen Sie sie ordentlich.
- Sagen Sie dann: »*Jetzt setze ich einen Fuß auf, dann den anderen.*«
- Halten Sie einige Sekunden inne und schließen Sie die Augen, um Ihre Empfindungen zu spüren und auszudrücken: »*Ich fühle, dass es weich unter meinen Füßen ist … es fühlt sich an wie Moos.*« Nutzen Sie diese Gelegenheit, um den Wortschatz Ihres Kindes zu erweitern.
- Setzen Sie dann die Füße nacheinander auf das nächste Sohlenpaar. Beschreiben Sie die Textur.
- Schlagen Sie dem Kind vor, die Schuhe auszuziehen und selbst über den Pfad zu gehen.
- Lassen Sie ihm Zeit, über seine Empfindungen bei jedem Paar zu sprechen. Wenn ihm das noch schwerfällt, helfen Sie ihm mit Fragen: »*Ist es angenehm, unangenehm, weich, kratzig, rau, kalt, warm, glatt, hart oder weich?*«.
- Fragen Sie das Kind am Ende der Übung, welches Paar es am liebsten unter seinen Füßen gespürt hat und welches ihm am wenigsten gefallen hat. Schlagen Sie ihm vor, die Übung so oft zu wiederholen, wie es möchte.

20

Geheimnisvolle Dinge suchen

ab 20 Monate

Entwicklung der Sinne

Material

- Ein Tisch oder ein Teppich, ein Korb mit Gegenständen und Bildern
- Ein kleiner Karton mit 2 Löchern an jeder Seite (um die Hände hineinzustecken)
- Kleine Alltagsgegenstände (Löffel, Schlüssel, Stift, Zahnbürste)
- Bilder von den gewählten Gegenständen

Direkte Ziele

- Einen Gegenstand einem Bild zuordnen, ohne ihn zu sehen
- Den Tastsinn anregen
- Förderung der Konzentration

Indirekte Ziele

- Ein taktiles Gedächtnis entwickeln
- Sprachförderung

Durchführung

- Setzen Sie sich mit dem Kind an den Tisch oder auf den Teppich.
- Erklären Sie: »*Das ist eine geheimnisvolle Kiste. Du kannst nicht sehen, was darin ist, aber du kannst die Dinge darin anfassen.*«
- Nehmen Sie ein Bild und sagen Sie: »*Erkennst du das? Es ist ein Löffel. Ich will den Löffel in der Kiste suchen.*« Stecken Sie die Hände in die Kiste. Nach einem Moment nehmen Sie den Löffel heraus.
- Legen Sie das erste Paar oben auf dem Tisch oder Teppich ab. Schlagen Sie dem Kind vor, es selbst zu versuchen.
- Bestätigen Sie am Ende, dass das Kind die Bilder den richtigen Gegenständen zugeordnet hat. Schlagen Sie ihm vor, aufzuräumen und diese Übung so oft zu wiederholen, wie es möchte.

Quel poisson a des taches violettes ?
LITTLE DARLING
BUTTONS

Sprach-
entwicklung

1

Vertraute Personen benennen

ab 9 Monate

Material

- Ein Teppich oder ein Tisch
- Fotos von Familienmitgliedern (alternativ von Tieren)
- Ein kleines Album

Direkte Ziele

- Vertraute Personen benennen
- Förderung der Konzentration

Indirekte Ziele

- Sprachförderung
- Entwicklung des Selbstvertrauens

Vorbereitung

- Fotos aussuchen und ausdrucken
- Kleben Sie die Fotos in ein hübsches Album.

Durchführung

- Setzen Sie es sich mit dem Kind auf den Teppich oder an den Tisch.
- Zeigen Sie ihm das kleine Album.
- Schlagen Sie die erste Seite auf, zeigen Sie auf die fotografierte Person und nennen Sie ihren Namen.
- Fahren Sie so mit jedem Foto fort.
- Geben Sie Ihrem Kind das Album regelmäßig und lassen Sie es selbst darin blättern.

Info

- Lassen Sie im Album Platz, um Fotos von weiteren Personen einzukleben, mit denen Ihr Kind regelmäßig zu tun hat.
- Sie können auch Fotos von Gegenständen einkleben, die das Kind mag und die es benennen kann.
- Das Album eignet sich gut, um das Kind bei Wartezeiten oder auf Autofahrten zu beschäftigen.

2

Die Stimme einer vertrauten Person erkennen

ab 1 Jahr

Material

- Ein Teppich oder ein Tisch
- Mehrere Mini-Sprachrekorder
- A5-Fotos von engen Familienangehörigen
- Ein Körbchen für die Sprachrekorder
- Ein Tablett

Direkte Ziele

- Stimmen von Familienmitgliedern erkennen
- Vertraute Personen benennen
- Förderung der Konzentration

Indirekte Ziele

- Das auditive Wiedererkennen fördern
- Den Assoziationssinn stärken

Vorbereitung

- Nehmen Sie auf jedem Rekorder die Stimme eines nahen Familienmitglieds auf, das Ihr Kind kennt und mag. Beginnen Sie mit 4 Rekordern. Wenn das Kind die Übung beherrscht, können Aufnahmen von Stimmen weiterer vertrauter Personen hinzukommen.
- Jedes Familienmitglied spricht einen kurzen Satz wie: »*Kuckuck,* [Vorname des Kindes], *ich bin es. Erkennst du mich?*«.
- Ordnen Sie das gesamte Material auf dem Tablett an, wenn die Aufnahmen beendet sind.

Durchführung

- Setzen Sie sich mit dem Kind auf den Teppich oder an den Tisch.
- Legen Sie die Bilder vor ihm aus und erklären Sie: »*Schau, auf dem Bild, das ist Papa.*« Nennen und wiederholen Sie mehrmals die Namen der Personen auf den 4 Fotos.
- Erklären Sie Ihrem Kind: »*Jetzt hören wir uns die Stimmen an und finden heraus, wer mit dir spricht.*« Spielen Sie dem Kind die erste Aufnahme mehrmals vor.
- Fragen Sie Ihr Kind: »*Wer spricht da? Kannst du mir das Foto zeigen?*« Wenn Ihr Kind das richtige Foto zeigt, loben Sie es und bestätigen seine Antwort: »*Richtig, Papa spricht mit dir.*«
- Legen Sie den ersten Rekorder auf das entsprechende Foto. Platzieren Sie beides so, dass das Kind nur noch die restlichen Fotos vor sich hat.
- Fahren Sie mit den anderen Fotos auf die gleiche Weise fort. Wenn Ihr Kind nicht das richtige Foto zeigt, lassen Sie es die Aufnahme noch einmal abspielen und gehen Sie nach dem Ausschlussverfahren vor: »*Hör gut zu, ist das Mama, die mit dir spricht? Nein, das ist nicht Mama. Hör noch einmal zu. Ist das dein Bruder Jakob, der mit dir spricht?*«
- Wenn Ihr Kind alle Stimmen der richtigen Person zugeordnet hat, legen Sie ihm die 4 Fotos mit den Rekordern noch einmal vor. Spielen Sie die Stimmen nochmals ab und bestätigen Sie die richtigen Antworten mit Ihrem Kind.

Info

- Sie können nach und nach Sprachrekorder mit weiteren Familienmitgliedern hinzufügen und so die Übung komplexer gestalten.
- Wenn das Kind motorisch geschickt genug ist, kann es selbst auf den Sprachrekorder drücken, um die Aufnahmen abzuspielen.
- Später können Sie vertraute Geräusche aufnehmen und mit einem Bild verbinden, das das jeweilige Geräusch darstellt: fließendes Wasser, eine zuschlagende Tür usw.

3

Ansichtskarten anschauen und darüber sprechen

ab **2** Jahre

Sprachentwicklung

Material

- Ein Teppich
- 8 schöne Ansichtskarten (Fotos, abstrakte Gemälde, einfache Muster oder Landschaften)
- Ein Körbchen für die Postkarten

Direkte Ziele

- Frei und spontan sprechen
- Wünsche beschreiben
- Wortschatzaufbau
- Förderung der Konzentration

Indirekte Ziele

- Freies Sprechen
- Entwicklung des Selbstvertrauens
- Förderung der Selbstständigkeit

Durchführung

- Setzen Sie sich auf die Matte und bitten Sie Ihr Kind, die Ansichtskarten auszubreiten.
- Schlagen Sie ihm vor, sich hinzustellen und die Karten einige Sekunden lang schweigend zu betrachten.
- Sagen Sie ihm dann: »*Suche eine Karte aus, die dir am besten gefällt. Über sie wollen wir dann sprechen.*« Ihr Kind wählt eine Postkarte aus.
- Fragen Sie das Kind: »*Warum hast du diese Karte ausgesucht?*« Lassen Sie es sich frei ausdrücken. Wenn es nicht viel sagen kann, stellen Sie ihm Fragen dazu, was ihm an der Karte gefällt, welche

Farben sie hat, woran es sich erinnert. Sie können sich auch gemeinsam an eine Situation erinnern, die mit der Karte zu tun hat.

- Wählen Sie auch eine Postkarte aus. Nennen Sie dem Kind Ihre Gründe für die Wahl oder beschreiben Sie eine Erinnerung.

Info

- Erneuern Sie die Postkarten regelmäßig. Sie können das Kind auch an Ausflugs- oder Urlaubszielen beim Kartenkauf mitreden lassen.
- Diese Übung kann auch dazu führen, dass Sie mit Ihrem Kind spontan über weitere Themen diskutieren.
- Behalten Sie dieses kleine Ritual mit den Karten bei und Sie werden sehen, wie der Wortschatz Ihres Kindes mit der Zeit wächst und seine Erinnerungen immer reichhaltiger werden.

4

Gegenständen die passenden Berufe zuordnen

ab **2–3** Jahre

Material

- Ein Tisch
- 10 Figuren unterschiedlicher Berufe
- Kleine symbolische Gegenstände, passend zu den Berufen
- Eine Schachtel für die kleinen Gegenstände
- Ein Korb für die Figuren und die Schachtel

Direkte Ziele

- Zusammengehörigkeiten erkennen
- Sprachförderung
- Wortschatzaufbau
- Förderung der Konzentration

Indirekte Ziele

- Berufsbezeichnungen lernen
- Förderung der Feinmotorik
- Entwicklung des Selbstvertrauens

Durchführung

- Setzen Sie sich mit Ihrem Kind an den Tisch. Stellen Sie 5 Figuren auf und fragen Sie, ob das Kind die Berufe erkennt. Wenn nicht, nennen Sie den Namen jedes Berufs und zeigen Sie auf die entsprechenden Figuren.
- Dasselbe mit 5 weiteren Figuren wiederholen.
- Wenn alle Figuren auf dem Tisch stehen, nehmen Sie die Schachtel und holen Sie den ersten kleinen Gegenstand heraus.
- Fragen Sie Ihr Kind, ob es diesen Gegenstand kennt. Wenn nicht, benennen Sie ihn. Um ihm zu helfen, stellen Sie ihm die Frage:

»Für welchen Beruf braucht man das Stethoskop?« Ihr Kind antwortet und legt den kleinen Gegenstand neben die Figur des zugehörigen Berufs.

- Fahren Sie fort, bis keine Gegenstände mehr in der Schachtel sind.
- Am Ende der Übung nennen Sie noch einmal alle Berufe und die Gegenstände und erklären etwas zur Benutzung, zum Beispiel: *»Der Arzt oder die Ärztin benutzt das Stethoskop, um die Patient*innen zu behandeln.«*
- Berufe und Gegenstände, die das Kind nicht kennt, sollten Sie in einer zweiten Runde vertiefen.

Info

- Wenn das Kind noch klein ist, beginnen Sie mit 3 Berufen und steigern die Anzahl langsam.
- Die Figuren können dann durch Bilder ersetzt werden, um weitere Berufe auszuwählen und die Übung komplexer zu gestalten.
- Sprechen Sie mit dem Kind über die Berufe von Personen, die es kennt. Wenn es sich für einen bestimmten Beruf interessiert, bieten Sie ihm die Möglichkeit, mehr zu erfahren (besuchen Sie z. B. eine Feuerwache).

5

Gegenstände den Räumen der Wohnung zuordnen

ab 2 Jahre

Sprachentwicklung

Material

- Ein Tisch
- Ein Tablett
- Bilder der wichtigsten Räume einer Wohnung (oder Fotos der eigenen Wohnung)
- Kleine Haushaltsgegenstände und Möbel (Bett, WC, Badewanne, Herd, Sofa)
- Ein Körbchen für die kleinen Gegenstände

Direkte Ziele

- Wortschatzaufbau
- Den Platz von Haushaltsgegenständen kennenlernen
- Sprachförderung
- Förderung der Konzentration

Indirekte Ziele

- Zusammengehörigkeiten erkennen
- Sich selbst in seiner direkten Umgebung einordnen
- Entwicklung des Selbstvertrauens

Durchführung

- Setzen Sie sich mit dem Kind an den Tisch. Stellen Sie das Tablett mit den Materialien vor ihm auf.
- Bitten Sie das Kind, die Gegenstände zu benennen.
- Gegenstände, die es nicht kennt, stellen Sie ihm in einer Drei-Stufen-Lektion vor: Zeigen und benennen Sie den Gegenstand (»Das ist …«); lassen Sie das Kind auf den Gegenstand zeigen (»Zeig mir …«); lassen Sie das Kind den Gegenstand benennen (»Was ist das?«).

- Nehmen Sie einen kleinen Gegenstand aus dem Korb und fragen Sie das Kind, worum es sich handelt.
- Wenn es den Gegenstand richtig benennt, fragen Sie, wohin er gehört. »*Wo steht die Badewanne? Kannst du die Badewanne auf das richtige Bild stellen?*«
- Wählt das Kind einen falschen Raum, legen Sie den Gegenstand wieder weg. Schlagen Sie dem Kind vor, das Zimmer im Haus zu suchen und nachzusehen, welche Gegenstände sich dort befinden.
- Gehen Sie mit den anderen Miniaturobjekten genauso vor.
- Bestätigen Sie am Ende die richtigen Zuordnungen von Gegenständen und Räumen im Haus: »*Gut gemacht! Die Badewanne steht im Badezimmer, das Sofa im Wohnzimmer, der Herd in der Küche.*«.

Info

- Es ist wichtig, dass Ihr Kind sich mit seiner unmittelbaren Wohnumgebung vertraut macht.
- Diese Übung eignet sich hervorragend dafür. Erhöhen Sie mit der Zeit die Anzahl der Gegenstände. Später können Sie auch auf die Fotos verzichten. Achten Sie immer darauf, dass es für jeden Raum die gleiche Anzahl von Gegenständen gibt.

6

Spiel mit Lauten

ab
2
Jahre

Material

- Ein Tisch
- Ein Tischset
- Eine hübsche Schachtel
- 3 kleine Gegenstände

Direkte Ziele

- Bewusstsein für Geräusche
- Sprachförderung
- Förderung der Konzentration

Indirekte Ziele

- Wortschatzaufbau
- Sich selbst in seiner direkten Umgebung einordnen
- Vorbereitung auf das Lesen und Schreiben

Vorbereitung

- Legen Sie 3 Gegenstände in die Schachtel, deren Namen mit unterschiedlichen Lauten beginnen. Tauschen Sie die Gegenstände regelmäßig aus (Knopf, Perle, Feder usw.)

Durchführung

- Setzen Sie sich mit dem Kind an den Tisch. Breiten Sie das Tischset aus. Bitten Sie Ihr Kind, die Schachtel auf den Tisch zu legen und zu öffnen. Nehmen Sie die Gegenstände nacheinander heraus.
- Bitten Sie das Kind, die Gegenstände zu benennen. Wenn es sie nicht kennt, benennen Sie sie ganz deutlich. Überprüfen Sie dann, ob es sich die Namen gemerkt hat.
- Bitten Sie das Kind, den ersten Gegenstand in die Schachtel zu legen und ihn dabei zu benennen. Sie können danach nochmals nach dem Namen des Gegenstandes fragen.

- Fordern Sie das Kind dann auf, die restlichen beiden Gegenstände in die Schachtel zu legen.
- Jetzt soll das Kind den Gegenstand aus der Schachtel nehmen, der mit einem bestimmten Laut beginnt. Wiederholen Sie die Übung mit den anderen Gegenständen.

Info

- Die Übung kann ausgeführt werden, wenn das Kind die Wörter richtig ausspricht.
- Je früher dem Kind die Laute vertraut sind, desto besser ist es auf das Lesen und Schreiben vorbereitet.
- Wenn Ihr Kind die Gegenstände gut kennt, bitten Sie es, in der Wohnung nach Gegenständen zu suchen, die mit einem bestimmten Laut beginnen.

7

Das Leben einer Blume erzählen

ab 2 Jahre

Sprachentwicklung

Material

- Ein Tisch
- Ein Tischset
- 4 Stadien einer Blüte
- 4 kleine Schalen

Direkte Ziele

- Den Lebenszyklus einer Pflanze verstehen
- Wortschatzaufbau
- Ordnen
- Förderung der Konzentration

Indirekte Ziele

- Logisches Denken
- Naturbeobachtung
- Sprachförderung
- Gedächtnistraining

Vorbereitung

- Sammeln Sie bei einem Spaziergang 4 Stadien einer Blüte: Knospe, frisch geöffnet, welkend und verwelkt.
- Legen Sie jede Blüte in eine kleine Schale.

Durchführung

- Setzen Sie sich mit Ihrem Kind an den Tisch. Breiten Sie das Tischset aus und legen Sie das Material darauf.
- Erklären Sie ihm: »*Heute Morgen sind wir spazieren gegangen und haben schöne Blumen gesehen. Weißt du, wie diese hier heißt?*« Nehmen Sie die geöffnete Blume aus dem kleinen Behälter und zeigen Sie sie ihm.

- Wenn das Kind den Namen der Blume nicht sagt, wiederholen Sie ihn mehrmals und nennen Sie typische Merkmale der Blume (Größe der Blütenblätter, Farbe, Duft). Legen Sie die Blume anschließend wieder in die Schale.
- Stellen Sie die 4 Behälter in die Mitte des Sets und sagen Sie: »*Ich werde dir jetzt die Geschichte dieser Blume erzählen. Versuche mir zu zeigen, von welcher Schale ich gerade spreche.*«
- Erzählen Sie die Geschichte ruhig und machen Sie nach jedem Schritt eine Pause, damit Ihr Kind nachdenken und auf den richtigen Behälter zeigen kann. So könnte die Geschichte lauten:
  1. Bevor die Blume sich öffnet, ist sie eine Knospe. Sie ist geschlossen oder eingehüllt und manchmal kann man nicht erraten, welche Blume daraus wird.
  2. Dann öffnet sie sich und zeigt uns ihre hübschen Blütenblätter in schönen Farben.
  3. Dann verschwindet die Farbe nach und nach und die Blume wird braun. Sie verwelkt und hängt herab.
  4. Die Blütenblätter fallen nach und nach ab und es bleibt nur noch das Herz übrig.
- Zeigt das Kind auf eine Schale, stellen Sie diese an den oberen linken Rand des Tischsets (die nächste Schale rechts davon), sodass am Ende die 4 Stadien in der richtigen Reihenfolge angeordnet sind.
- Wenn Ihr Kind bei einem Schritt den falschen Behälter erwischt, wiederholen Sie den Schritt und fordern Sie es auf, genau zuzuhören und zu beobachten.
- Schauen Sie am Ende der Übung die Schalen in der richtigen Reihenfolge mit dem Kind an und fragen Sie es, was es aus der Geschichte zu jeder Schale gelernt hat.
- Bitten Sie Ihr Kind an einem anderen Tag, die Schalen richtig zu sortieren und selbst die Geschichte der Blume zu erzählen.

Info

- Diese Aktivität kann mit verschiedenen Blumen wiederholt werden. Betonen Sie bei jedem Schritt die Namen der verschiedenen Blütenteile.

8

Laute und Gegenstände zuordnen

ab **2** Jahre

Sprachentwicklung

Material

- Ein Teppich zum Sitzen
- Eine kleine Matte, auf der die Kleinbuchstaben in alphabetischer Reihenfolge gedruckt oder gestickt sind
- Kleine Gegenstände, deren Namen mit verschiedenen Lauten beginnen (einer für jeden Buchstaben des Alphabets)
- Ein Tablett
- Eine hübsche Schachtel für die Gegenstände

Direkte Ziele

- Bewusstsein für Klänge entwickeln
- Zusammengehörigkeiten erkennen
- Klängen Buchstaben zuordnen
- Förderung der Konzentration
- Wortschatzaufbau

Indirekte Ziele

- Sprachförderung
- Auditives und visuelles Wiedererkennen
- Gedächtnistraining
- Vorbereitung auf das Schreiben
- Vorbereitung auf das Lesen

Durchführung

- Machen Sie es sich mit Ihrem Kind auf dem Teppich bequem. Rollen Sie vor ihm die Matte mit den Buchstaben aus.

- Zeigen Sie nacheinander auf die Buchstaben. »*Weißt du, was das hier ist? Das sind die Buchstaben. Es sind Zeichen für Laute. Soll ich es dir zeigen?*«
- Zeigen Sie dem Kind jeweils 3 Laute, die sich sowohl auditiv als auch visuell deutlich voneinander unterscheiden. Präsentieren Sie deshalb beispielsweise s und f oder m und n oder b und p oder d und q nicht innerhalb derselben Runde.
- Nehmen Sie nacheinander 3 Gegenstände heraus, die den ausgewählten Lauten entsprechen.
- Bitten Sie Ihr Kind, jeden Gegenstand zu benennen, um zu sehen, ob es sie kennt. Sagen Sie ihm dann: »*Jetzt wollen hören, wie der Wortanfang klingt. Welcher Gegenstand beginnt mit t? Kannst du ihn mir zeigen und mir seinen Namen sagen?*« Wenn Ihr Kind den richtigen Gegenstand nennt, bestätigen Sie seine Antwort, indem Sie den ersten Klang des Anfangslauts betonen.
- Fahren Sie dann fort: »*Kennst du den Buchstaben für den Laut t?*« Legen Sie den Gegenstand auf den entsprechenden Buchstaben und sprechen Sie den Buchstaben mit Nachdruck aus. Wiederholen Sie dies mit den beiden anderen Gegenständen.
- Am Ende der Aktivität nehmen Sie die Gegenstände wieder zur Hand und benennen sie, wobei Sie den Anfangslaut betonen. Bitten Sie das Kind, sie an der richtigen Stelle auf die Buchstabenmatte zu legen.
- Wenn es das schafft, können Sie das Material wegräumen. Andernfalls wiederholen Sie mit ihm die Laute, die schwierig waren.
- Bei den nächsten Runde legen Sie die 3 Gegenstände unter die jeweiligen Buchstaben und nehmen 3 neue Gegenstände hinzu.
- Von Runde zu Runde füllt sich der Teppich und Ihr Kind ist sehr stolz, wenn es alle Gegenstände an die richtige Stelle legen kann.

Info

- Solche sich steigernde Übungen machen Kindern viel Freude.
- Später können Sie mit dem Kind eine Lautfibel erstellen. Suchen Sie Bilder, die es zu jedem Buchstaben kleben kann. Es wird sehr stolz auf dieses Werk sein, das es in seinem Zimmer aufhängen kann.

Die Beispiele stammen aus dem französischen Original

Sprachentwicklung

9

Körperteile benennen

ab 2 Jahre

Material

- Ein Tisch
- Ein Tablett
- Eine realistische Spielzeugpuppe
- Zeichnungen oder Fotos von Körperteilen

Direkte Ziele

- Körperteile erkennen und benennen
- Wortschatzaufbau
- Förderung der Konzentration

Indirekte Ziele

- Körperbewusstsein
- Sprachförderung
- Gedächtnistraining

Durchführung

- Setzen Sie sich mit dem Kind an den Tisch. Stellen Sie das Tablett mit dem Material vor sich.
- Legen Sie die Puppe vor Ihr Kind und erklären Sie ihm: »*Mit der Puppe lernen wir heute die Körperteile kennen.*«
- Nehmen Sie ein erstes Bild und bitten Sie Ihr Kind den abgebildeten Körperteil zu benennen. Wenn es das schafft, bitten Sie es, den Körperteil an der Puppe und dann an sich selbst zu zeigen.
- Wenn es den richtigen Körperteil nicht benennt, legen Sie das Bild beiseite.
- Verfahren Sie mit allen Bildern auf die gleiche Weise.

- Wenn Ihr Kind Körperteile nicht benennen kann, führen Sie mithilfe der Bilder eine Drei-Stufen-Lektion (siehe S. 111) durch. Legen Sie die Bilder der Körperteile auf sich selbst und auf die Puppe.
- An einem anderen Tag schlagen Sie Ihrem Kind vor, die Puppe zu baden. Dabei benennen sie die Körperteile, und das Kind zeigt darauf.

Info

- Übungen, Spiele und Reime, die sich auf den Körper beziehen, helfen dem Kind, ein Körperbewusstsein zu entwickeln.
- Diese Übung ist sehr umfassend, denn sie ermöglicht es dem Kind, die Namen der Körperteile anhand von Bildern, einer Puppe und schließlich an sich selbst zu erlernen.

10

Dinge in einem Buch suchen

ab 2 Jahre

Material

- Ein Tisch
- Bilder von Gegenständen oder Figuren, die im gewählten Buch auftauchen
- Ein interessantes Wimmelbuch

Direkte Ziele

- Wortschatzaufbau
- Beobachten lernen
- Förderung der Konzentration

Indirekte Ziele

- Sprachförderung
- Entwicklung des Selbstvertrauens
- Anregung des Sehsinns

Durchführung

- Setzen Sie es sich mit Ihrem Kind an den Tisch.
- Zeigen Sie ihm den Gegenstand oder die Figur, die es suchen soll, und nennen Sie den Namen. Legen Sie ihm das Buch vor und beginnen Sie mit ihm zu suchen.
- Wenn Ihr Kind nicht fündig wird, zeigen Sie ihm den Bereich der Seite, in dem sich der Gegenstand befindet.
- Fahren Sie so fort und benennen Sie jedes Mal genau, was gesucht wird.

Info

- Legen Sie Ihrem Kind das gleiche Buch mehrmals vor, denn es wird Spaß daran haben, die Gegenstände schnell zu finden. Diese Übung sollte sehr spielerisch ablaufen.
- Wenn das Kind die Motive leicht findet, wählen Sie Bücher mit kleinteiligen Illustrationen.

Sprachentwicklung

11 Bauernhoftiere an ihren Platz stellen

ab **2** Jahre

Material

- Ein Teppich mit einem andersfarbigen Teil zur Platzierung des Bauernhofs
- Figuren verschiedener Bauernhoftiere
- Ein Spiel-Bauernhof mit leicht zugänglichen Elementen (Scheune, Pferdestall, Schweinestall, Hundehütte, Hühnerstall, Schafstall usw.)
- Ein Korb für die Tierfiguren

Direkte Ziele

- Wortschatzaufbau
- Tiere erkennen
- Sprachförderung
- Förderung der Konzentration

Indirekte Ziele

- Zusammengehörigkeiten erkennen
- Entwicklung des Selbstvertrauens

Durchführung

- Setzen Sie sich mit dem Kind auf den Teppich. Stellen Sie den Bauernhof auf.
- Nehmen Sie die Tiere aus dem Korb und benennen Sie sie.
- Zeigen Sie dem Kind die verschiedenen Bereiche des Bauernhofs: »*Im Kuhstall wohnen die Kühe. Die Pferde stehen im Pferdestall.*«
- Zeigen Sie dem Kind eine Tierfigur. Fragen Sie: »*Was ist das? Kannst du es an seinen Platz stellen?*«

- Wiederholen Sie dies mit den anderen Tieren.
- Am Ende der Übung bestätigen Sie die Zuordnung des Kinds, indem Sie die Tiere und die Teile des Bauernhofs nochmals benennen.

Info

- Sie können diese Übung mit allen erdenklichen Elementen des Bauernhofs fortsetzen. Dies ist ein Thema, das vielen Kindern gut gefällt.
- Eie ähnliche Übung kann mit einer Spielzeug-Autowerkstatt durchgeführt werden.

12

Alltägliche Gefühle ausdrücken

ab **2½** Jahre

Wenn das Kind ausreichend korrekt spricht

Material

- Ein Tisch
- Ein Blatt Papier
- Ein Stift

Direkte Ziele

- Mündlicher Ausdruck
- Gedanken formulieren
- Wortschatzaufbau
- Wettersymbole kennenlernen

Indirekte Ziele

- Sprachförderung
- Förderung der Selbstständigkeit

Durchführung

- Setzen Sie sich mit dem Kind an den Tisch. Nennen Sie ihm deutlich das Datum und die Jahreszeit.
- Bitten Sie das Kind, das Wetter zu beschreiben. Zeichnen Sie ein entsprechendes Symbol auf das Papier und sagen dazu z. B. »*Heute ist es schön, darum male ich eine Sonne.*«
- Fragen Sie: »*Was möchtest du mir heute Wichtiges sagen?*«
- Wenn das Kind schwer Worte findet, helfen Sie: »*Was willst du heute tun? Hast du etwas an, das du gern magst?*«
- Schreiben Sie auf, was das Kind sagt. Notieren Sie auch Ihr Gefühl des Tages. Lesen Sie vor, was auf dem Zettel steht, und hängen Sie ihn auf.

Info

- Diese Übung können Sie als tägliches Ritual durchführen.
- Nehmen Sie für jeden Monat eine andere Papierfarbe. So können Sie die Entwicklung der Ausdrucksfähigkeit des Kinds gut verfolgen.

13

Farben kennenlernen

ab **2** Jahre

Material

- Ein Teppich
- 6 gleiche Spielzeugautos in verschiedenen Farben: 2 x Rot, 2 x Blau, 2 x Gelb
- Ein Korb für die Autos

Direkte Ziele

- Farben erkennen
- Wortschatzaufbau
- Paare finden
- Förderung der Konzentration

Indirektes Ziel

- Sprachförderung

Durchführung

- Setzen Sie sich mit Ihrem Kind auf den Teppich. Legen Sie die Autos ungeordnet von links nach rechts aus.
- Benennen Sie die Farbe jedes Autos, indem Sie mit dem Finger darauf zeigen. Wiederholen Sie dies mehrmals.
- Nehmen Sie dann ein Auto, stellen Sie es vor Ihr Kind und sagen Sie: »*Dieses Auto ist rot. Kannst du mir das andere rote Auto geben?*«
- Wenn es Ihnen das richtige Auto gibt, stellen Sie die beiden Autos zusammen an den oberen Rand des Teppichs und loben das Kind.

- Gibt es Ihnen das falsche Auto, wiederholen Sie: »*Ich möchte das rote Auto haben.*« Nehmen Sie das richtige Auto und stellen Sie es zum passenden. Sagen Sie: »*Diese beiden Autos sind rot.*«
- Wiederholen Sie die Übung mit den anderen Farben.

Info

- Bei Übungen dieser Art ist es sehr wichtig, dass sich die Gegenstände nur in dem Kriterium unterscheiden, das Sie Ihrem Kind vermitteln wollen. Hier geht es um die Farbe, darum sollten alle Gegenstände gleich sein und sich nur in der Farbe unterscheiden. Wenn Sie Ihrem Kind Formen beibringen wollen, sollten die Gegenstände alle die gleiche Farbe haben und nur unterschiedliche Formen aufweisen.

14

Zusammengehörige Gegenstände finden

ab 2 Jahre

Sprachentwicklung

Material

- Ein Teppich
- Zusammengehörige Gegenstände, z. B. Pinsel und Palette, Stift und Anspitzer, Umschlag und Briefmarke
- Ein Korb für die Gegenstände

Direkte Ziele

- Paare finden
- Assoziieren
- Wortschatzaufbau
- Förderung der Konzentration

Indirektes Ziel

- Sprachförderung

Durchführung

- Setzen Sie sich mit dem Kind auf den Teppich.
- Stellen Sie den Korb auf. Sortieren Sie 6 Gegenstände zu 3 Paaren.
- Benennen Sie die Gegenstände und erklären Sie: »*Pinsel und Palette braucht man, um ein Bild zu malen. Stift und Anspitzer braucht man zum Zeichnen.*«
- Ordnen Sie die Gegenstände waagerecht von links nach rechts an.
- Wählen Sie einen Gegenstand, den Sie vor das Kind legen. Fragen Sie beispielsweise: »*Was gehört zu dem Stift?*«
- Wenn das Kind Ihnen den Anspitzer gibt, legen Sie beides an den Rand des Teppichs. Wenn nicht, legen Sie einen anderen Gegenstand zum Stift und fragen: »*Passen die beiden zusammen?*«

- In dieser Weise fortfahren und zum Schluss alle Gegenstände wieder in den Korb legen.

Info

- Wenn das Kind die Übung verstanden hat, können Sie statt der Gegenstände Bilder verwenden.

15

Gegensätze finden

ab **2** Jahre

Sprachentwicklung

Material

- Ein Teppich
- Gegensätzliche Gegenstände, z. B. ein volles und ein leeres Glas, ein großer und ein kleiner Stift, ein geschlossener und ein offener Briefumschlag
- Ein Korb für die Gegenstände

Direkte Ziele

- Paare finden
- Gegensätze erkennen
- Wortschatzaufbau
- Förderung der Konzentration

Indirektes Ziel

- Sprachförderung

Durchführung

- Setzen Sie sich mit dem Kind auf den Teppich.
- Stellen Sie den Korb vor ihm auf. Nehmen Sie 6 Gegenstände heraus, die 3 Paare bilden.
- Zeigen Sie die Gegenstände und erklären Sie: »*Dieses Glas ist voll. Das Gegenteil ist ein leeres Glas. Dieser Stift ist groß. Das Gegenteil ist ein kleiner Stift.*«
- Ordnen Sie die Gegenstände von links nach rechts an. Wählen Sie einen und fragen Sie: »*Was ist das Gegenteil von dem großen Stift?*«

- Wenn das Kind Ihnen den richtigen Gegenstand gibt, legen Sie beide an den Rand des Teppichs. Wenn nicht, zeigen Sie ihm 2 andere Gegenstände mit der Frage: »*Sind das Gegenteile / Gegensätze?*«
- In dieser Weise fortfahren und zum Schluss alle Gegenstände wieder in den Korb legen.

Info

- Wenn das Kind diese Übung beherrscht, können Sie statt der Gegenstände auch Bilder verwenden.

16

Reime erfinden

ab
2
Jahre

Sprachentwicklung

Material

- Ein Teppich
- Gegenstände aus dem Haushalt

Direkte Ziele

- Auditives Wiedererkennen
- Anregung des Hörsinns
- Förderung der Konzentration

Indirekte Ziele

- Bewusstsein für Geräusche und Klänge
- Vorbereitung auf das Lesen
- Vorbereitung auf das Schreiben

Durchführung

- Machen Sie es sich mit Ihrem Kind auf dem Teppich bequem. Wählen Sie einen Gegenstand im Haus aus. Zeigen Sie ihm beispielsweise den Tisch und erfinden Sie einen kleinen Reim mit Wörtern auf i : »*Tim hat einen Tisch, und auf dem Tisch, da sitzt ein Fisch.*«
- Wiederholen Sie die Übung mit anderen Vokalen wie e, a usw.

Info

- Sie können gern Nonsens-Reime erfinden, Kinder haben daran großen Spaß.

17

Das Leben eines Schmetterlings

ab 2 Jahre

Material

- Ein Tisch
- Ein Tischset
- 4 Figuren mit den Lebensstadien des Schmetterlings
- 4 kleine Schalen für die Figuren
- Ein Tablett

Direkte Ziele

- Die Lebenszyklen eines Schmetterlings kennenlernen
- Wortschatzaufbau
- Ordnen
- Förderung der Konzentration

Indirekte Ziele

- Logisches Denken
- Sprachförderung
- Naturbeobachtung
- Gedächtnistraining

Durchführung

- Setzen Sie sich mit dem Kind an den Tisch und breiten Sie das Tischset aus.
- Erklären Sie: »*Heute erzähle ich dir etwas über Schmetterlinge.*«
- Nehmen Sie die Schalen nacheinander und benennen Sie genau, was sich darin befindet: Ei, Raupe, Puppe, Schmetterling.

- Erklären Sie die Entwicklung langsam und geben Sie dem Kind nach jeden Schritt Zeit zum Nachdenken. Dann soll es auf die richtige Schale zeigen.
- Zeigt das Kind auf die richtige Schale, stellen Sie diese links oben auf das Tischset (und die folgenden rechts davon).
- Zeigt das Kind auf eine falsche Schale, wiederholen Sie den Schritt und fordern Sie es auf, genau zuzuhören und hinzuschauen.
- Stellen Sie am Ende der Übung die Schalen in der richtigen Reihenfolge vor das Kind und fragen Sie es, was es sich zu jedem Behälter aus der Geschichte gemerkt hat.
- Bitten Sie Ihr Kind an einem anderen Tag, die Schalen in die richtige Reihenfolge zu bringen und selbst die Geschichte des Schmetterlings zu erzählen.

Info

- Diese Übung kann mit anderen Lebenszyklen wiederholt werden: Marienkäfer, Ameise, Biene, Frosch, Schildkröte.
- Betonen Sie bei jedem Schritt die korrekten Begriffe aus dem Leben des Schmetterlings.
- Wenn das Kind die Übung mit Figuren verstanden hat, kann sie mit Bildern fortgeführt werden.

Logisch-mathematisches Denken

1

Pompons auf Eisstiele legen

ab 2½ Jahre

Material

- Farbe oder Filzstifte in verschiedenen Farben
- Eine Pinzette (nach Belieben)
- Eisstiele
- Pompons
- Ein Tisch oder ein Teppich
- Ein Tablett
- Ein Körbchen für die Eisstiele
- Ein Körbchen für die Pompons

Direkte Ziele

- Mathematische Überlegungen anstellen
- Förderung des logischen Denkens
- Förderung der Grob- und Feinmotorik
- Förderung der Konzentration
- Farben erkennen

Indirekte Ziele

- Vorbereitung auf das Rechnen
- Nachdenken lernen
- Vorbereitung auf das Schreiben
- Beobachten lernen

Vorbereitung

- Auf die Eisstiele eine Reihe von Kreisen in verschiedenen Farben malen. Für den Anfang genügen 2 oder 3 Kreise. Farben und Abstand der Kreise zueinander müssen zu den Pompons passen.

Durchführung

- Setzen Sie sich mit dem Kind an einen Tisch oder auf den Teppich und stellen Sie das Tablett vor dem Kind auf.
- Nehmen Sie einen Eisstiel aus dem Korb und legen Sie ihn waagerecht vor das Kind.
- Zeigen Sie ihm einen Kreis und nennen Sie die Farbe, zum Beispiel: »*Dieser Kreis ist blau. Ich nehme jetzt einen blauen Pompon.*«
- Nehmen Sie mit dem Dreifingergriff einen Pompon in der entsprechenden Farbe und legen Sie ihn auf den vorher gezeigten Kreis.
- Zeigen Sie dem Kind nun den rechts daneben liegenden Kreis und wiederholen Sie die Aktion.
- Fahren Sie fort, bis auf jedem Kreis ein passender Pompon liegt. Legen Sie dann einen neuen Eisstiel vor das Kind und schlagen Sie ihm vor, es selbst zu versuchen.
- Räumen Sie die Materialien gemeinsam auf. Schlagen Sie dem Kind vor, die Übung zu wiederholen, wann immer es möchte.

Info

- Verwenden Sie am Anfang Eisstiele mit einer kleinen Anzahl von Kreisen.
- Wenn das Kind die Übung beherrscht, können Sie es bitten, die Pompons neben die Eisstiele zu legen. Sie können den Eisstiel auch umdrehen und das Kind bitten, die Reihenfolge der Farben zu nennen.

2

Perlen in einer Reihenfolge auffädeln

ab 2 Jahre

Material

- Ein Metallstab
- Ein Holzplättchen
- Starker Klebstoff
- Filzstifte in verschiedenen Farben
- Einige Bögen weißes Papier
- Holzperlen in verschiedenen Großen, Formen und Farben
- Ein Tisch oder ein Teppich
- Ein Tablett mit dem gesamten Material
- Ein Korb für die Holzperlen

Direkte Ziele

- Mathematisches Verständnis entwickeln
- Förderung des logischen Denkens
- Förderung der Grob- und Feinmotorik
- Förderung der Konzentration

Indirekte Ziele

- Vorbereitung auf das Rechnen
- Nachdenken lernen
- Beobachten lernen
- Vorbereitung auf das Schreiben

Vorbereitung

- Befestigen Sie den Metallstab mit Klebstoff an dem Holzplättchen.
- Zeichnen Sie auf mehrere Bögen Papier eine Reihenfolge verschieden großer Kreise in verschiedenen Farben (Schwierigkeitsgrad aufsteigend). Die Kreise müssen in Farbe und Größe den Holzperlen entsprechen. Mit 4 Perlen beginnen und die Anzahl allmählich steigern.

Durchführung

- Setzen Sie sich mit dem Kind auf den Teppich oder an den Tisch. Das Tablett steht vor dem Kind.
- Beginnen Sie mit einer einfachen Serie. Stellen Sie das Blatt senkrecht vor dem Metallstab auf.
- Zeigen Sie dem Kind den ersten Kreis auf dem Papier. Nehmen Sie mit dem Dreifingergriff eine entsprechende Perle aus dem Korb.
- Halten Sie die Perle neben den Kreis und sagen Sie: »*Schau, sie sehen gleich aus.*«
- Die Perle langsam auf den Stab fädeln, dann dasselbe mit dem zweiten Kreis wiederholen.
- Schlagen Sie dem Kind vor, es selbst zu versuchen. Wenn es noch nicht bereit ist, fahren Sie fort. Nach dem ersten Blatt eine Pause machen.
- Die Perlen langsam vom Stab nehmen und in den Korb legen.
- Wiederholen Sie die Übung mit Reihenfolgen ähnlicher Schwierigkeit, bis das Kind bereit ist, es selbst zu versuchen.
- Räumen Sie die Materialien gemeinsam auf.

Info

- Je besser das Kind die Übung beherrscht, desto umfangreicher können die Reihenfolgen sein. Sie können auch eckige und runde Holzperlen verwenden, die Sie anfangs in 2 verschiedene Behälter legen sollten.

3

Knöpfe in einer Reihenfolge auslegen

ab 2 Jahre

Material

- Ein Tisch oder ein Teppich
- Filzstifte oder Stempel in verschiedenen Farben
- Knöpfe in verschiedenen Farben
- Ein Tablett
- Ein Korb für die Knöpfe

Direkte Ziele

- Mathematisches Verständnis entwickeln
- Förderung des logischen Denkens
- Förderung der Grob- und Feinmotorik
- Förderung der Konzentration

Indirekte Ziele

- Vorbereitung auf das Rechnen
- Nachdenken lernen
- Beobachten lernen
- Vorbereitung auf das Schreiben

Vorbereitung

- Zeichnen oder drucken Sie Reihen verschiedenfarbiger Kreise auf Papierblätter. Diese Kreise sollten die gleiche Größe und Farbe wie die Knöpfe haben. Die Reihenfolge der Farben einmal wiederholen. Mit 3 oder 4 Farben beginnen und die Anzahl allmählich steigern.

Durchführung

- Setzen Sie sich an einen Tisch oder auf einen Teppich. Das Tablett steht vor dem Kind.
- Wählen Sie zuerst ein Blatt mit einer einfachen Serie. Legen Sie es waagerecht vor sich hin.

- Stellen Sie den Korb an die linke Seite des Blattes.
- Zeigen Sie den ersten Kreis (links) und nennen Sie seine Farbe.
- Nehmen Sie mit dem Dreifingergriff einen Knopf derselben Farbe aus dem Korb und wiederholen Sie den Namen der Farbe.
- Legen den Knopf auf den entsprechenden Kreis.
- Schlagen Sie Ihrem Kind vor, allein weiterzumachen. Wenn es noch nicht bereit ist, fahren Sie fort, bis das Papier gefüllt ist.
- Lassen Sie dem Kind Zeit, das Ergebnis zu betrachten. Sie können die Farbnamen noch einmal in der richtigen Reihenfolge (von links nach rechts) sagen.
- Die Knöpfe nacheinander in den Korb legen, links beginnen.
- Nehmen Sie ein weiteres Blatt mit gleichem Schwierigkeitsgrad und bitten Sie Ihr Kind erneut, die Übung allein durchzuführen.
- Wenn es die Übung gut beherrscht, fordern Sie es auf, die Knöpfe neben die Kreise zu legen. Sagen Sie ihm, dass es diese Übung so oft wiederholen kann, wie es möchte.

Info

- Je mehr Fortschritte Ihr Kind macht, desto komplexer können Sie die Reihen aus Kreisen gestalten.
- Das Kind kann sich auch die Reihe der Farben merken und aufzählen, nachdem das Papier umgedreht wurde. Alternativ können Sie es bitten, die Knöpfe in der richtigen Reihenfolge auszulegen, ohne auf das Papier zu schauen.

4

Herzen zählen

ab 2½ Jahre

Material

- 3 Schachteln mit Deckeln
- Rote, rosa und weiße Farbe
- Ein Pinsel
- Ein wasserfester Filzstift
- Ein Tisch oder ein Teppich
- Ein Tablett für das gesamte Material
- 6 kleine Herzen
- Ein Korb für die kleinen Herzen

Direkte Ziele

- Zählen lernen
- Förderung der Grob- und Feinmotorik
- Förderung der Konzentration
- Schachteln öffnen und schließen

Indirekte Ziele

- Vorbereitung auf das Rechnen
- Selbstständigkeit
- Vorbereitung auf das Schreiben

Vorbereitung

- Die 3 Schachteln rosa, rot und weiß anmalen.
- Auf die Innenseite jedes Deckels eine Zahl schreiben (1, 2 und 3).

Durchführung

- Setzen Sie sich mit dem Kind an einen Tisch oder auf den Teppich. Das Tablett steht vor dem Kind.
- Stellen Sie den Korb mit den Herzen vor das Kind.
- Eine Schachtel öffnen und den Deckel umdrehen.
- Lesen Sie die Zahl auf dem Deckel. Legen Sie die gleiche Anzahl kleiner Herzen in die Schachtel. Nehmen Sie dazu ein Herz, sagen

Sie »1« und legen Sie es dann in die Schachtel. Wiederholen Sie schließlich die Zahl auf dem Deckel und die Anzahl der Herzen, die Sie in die Schachtel gelegt haben. Schließen Sie den Deckel.

- Den Vorgang mit einer weiteren Schachtel wiederholen.
- Wenn alle Schachteln gefüllt sind, geben Sie dem Kind Zeit, das Ergebnis zu betrachten.
- Öffnen Sie dann jede Schachtel und legen Sie die Herzen in den Korb.
- Schlagen Sie Ihrem Kind vor, diese Übung so oft zu wiederholen, wie es möchte.

- Wenn das Kind die Zahlen 1, 2 und 3 beherrscht, können Sie die Zahl 0 einführen. Dann bleibt eine Schachtel leer und Sie erklären: *»Null ist dasselbe wie nichts. Darum legen wir in diese Schachtel kein Herz.«*

5

Wie viel Salat frisst die Schildkröte?

ab 2 Jahre

Material

- Ein Tisch
- Ein Tablett für das Material
- 3 kleine Schildkröten, nummeriert von 1 bis 3
- 6 kleine Salatköpfe aus Plastik oder 6 kleine Stücke frischer Salat
- Ein Korb für den Salat

Direkte Ziele

- Zahlen und Mengen in Zusammenhang bringen
- Förderung der Konzentration
- Zählen lernen

Indirektes Ziel

- Mathematisches Verständnis entwickeln

Durchführung

- Setzen Sie sich mit dem Kind an den Tisch. Das Tablett steht vor ihm.
- Sagen Sie: «*Heute wollen wir zählen lernen.*«
- Zeigen Sie dem Kind die Schildkröten. Fragen Sie, welche Zahlen auf den Panzern stehen. Antwortet das Kind falsch, schieben Sie eine Drei-Stufen-Lektion (siehe S. 111) ein.
- Bitten Sie das Kind, auf jede Schildkröte die richtige Anzahl Salatköpfe zu legen. Erklären Sie: «*Auf dieser Schildkröte steht eine 1, darum legen wir einen Salatkopf darauf. Kannst du einen Salatkopf aus dem Korb nehmen und auf die Schildkröte legen?*»

- Bitten Sie das Kind, die Übung mit den anderen Schildkröten zu wiederholen.
- Wenn es fertig ist, schlagen Sie ihm vor, die Anzahl der Salate auf jeder Schildkröte zu überprüfen. Dabei darf es Korrekturen vornehmen. Sagen Sie dem Kind, dass es diese Übung alleine so oft wiederholen kann, wie es möchte.
- Räumen Sie gemeinsam das Material auf.

Info

- Es ist wichtig, Ihr Kind im Lernprozess zu unterstützen, indem Sie ihm schon frühzeitig ansprechendes Material anbieten. Je mehr Ihr Kind in der frühen Kindheit mit Mathematik in Berührung kommt, desto leichter fällt es ihm, sich damit zu beschäftigen und ein Interesse an diesem Bereich zu entwickeln.
- Sie können die Übung auch auf die Interessen des Kindes abstimmen (Zählen mit Karotten und Pferden, Autos und Garagen) oder auf Festtage beziehen (Weihnachtskugeln und Tannenbäume).

6

Holzstifte stecken

ab **2** Jahre

Material

- Ein Tisch
- Holzplättchen mit 1 bis 3 Löchern
- 3 Stifte zum Reinstecken in die Löcher der Holzplatte
- Ein Korb für die Stifte

Direkte Ziele

- Die Mengen 1, 2 und 3 erkennen
- Bis 3 zählen (mindestens)

Indirekte Ziele

- Förderung der Konzentration
- Mathematisches Verständnis entwickeln

Durchführung

- Setzen Sie sich mit dem Kind an einen Tisch.
- Stellen Sie die Materialien vor ihm auf. Geben Sie ihm die Holzplatte. Bitten Sie das Kind, die Löcher zu betasten.
- Fordern Sie es auf, die Stifte einzeln aus dem Korb zu nehmen, in seine andere Hand zu legen und zu zählen.
- Bitten Sie Ihr Kind, die Hand zu schließen, und fragen Sie es dann: *»Wie viele hast du in der Hand?«*
- Wenn es geantwortet hat, darf es die Hand wieder öffnen.
- Nehmen Sie einen Holzstift mit dem Dreifingergriff. Stecken Sie ihn in ein Loch. Wiederholen Sie dies mehrmals, damit Ihr Kind es ebenfalls versucht.
- Wenn alle Stifte gesteckt sind, entfernen Sie einen nach dem anderen und fordern Sie Ihr Kind auf, die Aktivität so oft allein zu wiederholen, wie es möchte.

Info

- Mit dieser Übung lernt Ihr Kind das Zählen und den Begriff der Menge. So kann es die Zahlen erkennen die in seinem Alltag vorkommen (etwa die Punkte auf einem Würfel). Beginnen Sie mit einer Holzplatte mit einem bis 3 Löchern. Später kann die Anzahl auf 6 gesteigert werden.

7

Filzkugeln zählen

ab 2½ Jahre

Material

- Ein Tablett für die Materialien
- Ein Tisch
- Eine Unterlage mit 5 Vertiefungen
- 5 Karten mit den Zahlen von 1 bis 5
- Ein Körbchen für die Karten
- 15 kleine Filzkugeln
- Ein Körbchen für die Filzkugeln

Direkte Ziele

- Die richtige Anzahl Filzkugeln in die Vertiefungen legen
- Mathematisches Verständnis entwickeln
- Förderung der Grob- und Feinmotorik
- Förderung der Konzentration

Indirekte Ziele

- Vorbereitung auf das Rechnen
- Vorbereitung auf das Schreiben

Durchführung

- Setzen Sie sich mit dem Kind an einen Tisch.
- Zeigen Sie ihm die Unterlage. Erklären Sie: »*Heute zeige ich dir die Zahlen von 1 bis 5.*«
- Nun eine Zahlenkarte nehmen und dem Kind zeigen.
- Nehmen Sie mit dem Dreifingergriff eine Filzkugel aus dem Körbchen. Legen Sie sie in die erste Vertiefung der Unterlage.
- Fahren Sie fort, bis die auf der Karte angegebene Anzahl erreicht ist.

- Fahren Sie mit Ihrem Kind bis zur Zahl 5 fort und schlagen Sie ihm ihm dann vor, es allein zu versuchen.
- Räumen Sie das Material gemeinsam auf.
- Ein anderes Mal schlagen Sie Ihrem Kind vor, eine Zahlenkarte zu ziehen und diese Aktivität so oft zu wiederholen, wie es möchte.

Info

- Mit dieser Übung werden die Mengen von 1 bis 5 eingeführt. Später können Sie eine Unterlage mit 10 Vertiefungen verwenden, um die Zahlen von 6 bis 10 zu lernen.

8

Zahlenpuzzle

ab
2½
Jahre

Material

- Ein schwarzer wasserfester Filzstift
- Ein ganz weißes Puzzle mit 10 Teilen
- Ein Drucker, ein Laminiergerät und Laminierfolien (optional)
- Ein Tisch oder ein Teppich

Direkte Ziele

- Mathematisches Verständnis entwickeln
- Die Logik einer Serie verstehen
- Förderung der Grob- und Feinmotorik
- Förderung der Konzentration

Indirektes Ziel

- Vorbereitung auf das Rechnen

Vorbereitung

- Die Zahlen von 1 bis 10 auf die einzelnen Puzzleteile schreiben.
- Das zusammengesetzte Puzzle fotografieren, damit das Kind sich bei Bedarf selbst korrigieren kann.
- Das Foto ausdrucken und bei Bedarf in Folie einschweißen.

Durchführung

- Setzen Sie sich mit dem Kind an den Tisch oder auf den Teppich. Legen Sie ihm das Puzzle vor.
- Zeigen Sie der Reihe nach auf die Zahlen, um sich zu vergewissern, dass das Kind die Zahlen von 1 bis 10 kennt.

- Wenn das der Fall ist, zerlegen Sie das Puzzle. Sagen Sie dann: »*Ich suche die 1.*« Wenn das Kind sie nicht findet, legen Sie sie an den richtigen Platz.
- Fortfahren, bis das Puzzle fertig ist.
- Schlagen Sie Ihrem Kind vor, das Puzzle alleine und so oft es will zu wiederholen. Zeigen Sie ihm anhand der Fotografie des vollständigen Puzzles, dass es sich selbst korrigieren kann.
- Räumen Sie das Material gemeinsam auf.

Info

- Wenn das Kind die Zahlen noch nicht sicher kennt, können Sie das Puzzle auf die Zahlen 1 bis 5 beschränken.

9

Bauklötze in einen Eierkarton legen

ab 18 Monate

Material

- Ein leerer Eierkarton für 6 oder 10 Eier
- 6 bzw. 10 Bauklötze in verschiedenen Farben
- Filzstifte oder Farben
- Ein Tisch oder ein Teppich

Direkte Ziele

- Mathematisches Verständnis entwickeln
- Die Logik einer Serie erkennen
- Förderung der Grob- und Feinmotorik
- Förderung der Konzentration
- Farben erkennen

Indirekte Ziele

- Vorbereitung auf das Rechnen
- Beobachten lernen
- Vorbereitung auf das Schreiben

Vorbereitung

- Wählen Sie 6 bzw. 10 Bauklötze in verschiedenen Farben aus.
- Bemalen Sie die Böden der Vertiefungen des Eierkartons mit denselben Farben wie die Bauklötze. Jede Farbe soll nur einmal vorkommen.

Durchführung

- Setzen Sie sich mit Ihrem Kind an den Tisch oder auf den Teppich und legen Sie das Material vor ihm ab.
- Zeigen Sie ihm die farbigen Vertiefungen und nennen Sie dabei jede Farbe einzeln, von links nach rechts und dann von oben nach unten. So stellen Sie sicher, dass Ihr Kind die Farben kennt.
- Einen Bauklotz aus dem Korb nehmen und ihn in die entsprechende Vertiefung legen. Dasselbe mit der rechts daneben liegenden Vertiefung wiederholen.
- Wenn Sie das Gefühl haben, dass Ihr Kind bereit ist, schlagen Sie ihm vor, alleine weiterzumachen, und zwar so oft, wie es möchte.
- Legen Sie gemeinsam die Bauklötze in den Korb und schließen Sie den Eierkarton.

Info

- Wenn das Kind noch klein ist, können Sie zunächst mit einem Sechser-Eierkarton beginnen.

Logisch-mathematisches Denken

10

Die Punkte auf einem Marienkäfer zählen

ab
2
Jahre

Material

- Mehrere Bögen weißes Papier
- Ein Körbchen für die Marienkäfer
- Ein Körbchen für die Zahlen

Direkte Ziele

- Zahlen und Mengen in Zusammenhang bringen
- Förderung der Konzentration
- Zählen lernen

Indirektes Ziel

- Mathematisches Verständnis entwickeln

Vorbereitung

- Zeichnen Sie auf das Papier 10 Marienkäfer. Die Anzahl der Punkte ist bei jedem Marienkäfer unterschiedlich.
- Die Käfer rot ausmalen, die Punkte schwarz.
- Die Marienkäfer ausschneiden.
- 10 Papierquadrate (oder andere Formen) zuschneiden und die Zahlen von 1 bis 10 darauf schreiben. Wenn nötig, laminieren Sie die Marienkäfer und die Papierquadrate.

Durchführung

- Setzen Sie sich mit Ihrem Kind an den Tisch und stellen Sie das Material vor ihm ab.
- Nehmen Sie einen Marienkäfer. Zählen Sie die Punkte auf seinen Flügeln und suchen Sie die entsprechende Zahl im Korb.

- Legen Sie den Marienkäfer und die Zahl nebeneinander. In derselben Weise fortfahren.
- Wenn Sie das Gefühl haben, dass Ihr Kind bereit ist, schlagen Sie ihm vor, diese Aktivität allein und so oft es möchte zu wiederholen.
- Räumen Sie das Material gemeinsam auf.

Info

- Gehen Sie immer vom Konkreten zum Abstrakten. Später können Sie die Übung umkehren und zuerst eine Zahl ziehen.
- Beziehen Sie die Zahl 0 erst dann mit ein, wenn Sie sicher sind, dass Ihr Kind diese Übung gut beherrscht.

11

Teller richtig zusammensetzen

ab 18 Monate

Material

- 5 weiße Pappteller
- Eine Schere
- Ein Zirkel
- Filzstifte
- Ein Teppich
- Ein Korb für die Teller

Direkte Ziele

- Zahlen und Mengen in Zusammenhang bringen
- Förderung der Konzentration
- Zählen lernen

Indirektes Ziel

- Mathematisches Verständnis entwickeln

Vorbereitung

- Schneiden Sie jeden Teller mit einem gezackten Schnitt in 2 Teile. Die Schnitte müssen bei jedem Teller anders verlaufen.
- Auf die erste Hälfte jedes Tellers eine Zahl (von 1 bis 5) schreiben, auf die jeweils andere Hälfte des Tellers die entsprechende Anzahl roter Kreise malen.

Durchführung

- Machen Sie es sich mit Ihrem Kind auf dem Teppich bequem und stellen Sie den Korb vor ihm ab.
- Nehmen Sie alle Teller heraus und trennen Sie die Hälften.

- Die Hälften mit den Zahlen auf die linke Seite des Teppichs legen, die Hälften mit den Kreisen auf die rechte.
- Greifen Sie eine Tellerhälfte und zählen Sie die Kreise.
- Suchen Sie die Hälfte mit der entsprechenden Zahl und legen Sie sie zusammen, um den ganzen Teller wieder zusammenzusetzen. Fahren Sie auf diese Weise fort.
- Wenn Sie das Gefühl haben, dass Ihr Kind bereit ist, schlagen Sie ihm vor, diese Aktivität allein und so oft es möchte zu wiederholen.
- Räumen Sie das Material gemeinsam auf.

Info

- Diese Übung ist sehr interessant, weil die Schnittlinie der Teller dem Kind eine zusätzliche Hilfe gibt. Achten Sie darauf, dass die Schnitte wirklich unterschiedlich verlaufen, sodass nur die zusammengehörigen Hälften zusammenpassen.
- Gehen Sie anfangs immer vom Konkreten zum Abstrakten, indem Sie die Kreise zählen und dann die passende Zahl suchen. Später kann die Übung umgekehrt durchgeführt werden.

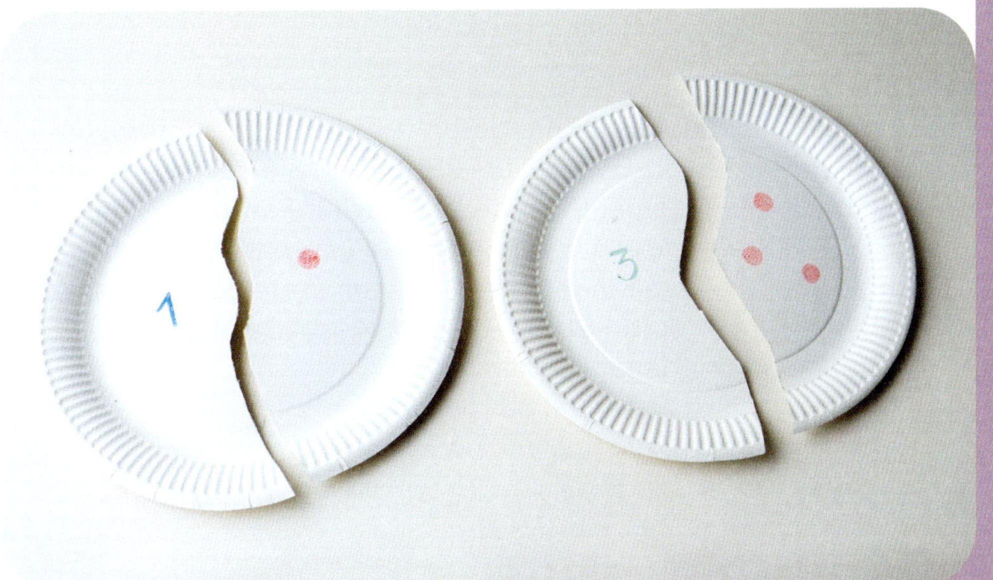

Die Autorinnen

Sylvie d'Esclaibes ist Gründerin und Direktorin des Internationalen Montessori-Gymnasiums Athena, an dem sie selbst unterrichtet, sowie der Schulen des Montessori-Athena-Netzwerks. Sie ist Ausbilderin für die von ihr gegründete Organisation *Apprendre Montessori* und Beraterin für die Einrichtung von Montessori-Kindertagesstätten. Außerdem hat sie die Montessori-Pädagogik im Hochschulbereich eingeführt und ist Autorin von Büchern und Aktivitätsheften.

Vor kurzem haben Sylvie und ihre Tochter Stéphanie den Podcast *Les adultes de demain* (Die Erwachsenen von morgen) gegründet, in dem es um Themen der fürsorglichen Erziehung und der Elternschaft geht. Ziel des Podcasts ist es, Erfahrungen und Ansichten zu verschiedenen Themen rund um die Erziehung zu teilen. Auch Gäste treten auf, um ihr Fachwissen zu diskutieren und sich über Themen auszutauschen, die Kinder betreffen. Sie finden ihn unter *https://www.lesadultesdedemain.com* (in französischer Sprache).

Noémie d'Esclaibes hat ihre gesamte Schulzeit am Internationalen Montessori-Gymnasium absolviert. Sie hat einen Abschluss in Management von der Universität ParisDauphine und war 2014 Mitbegründerin von *Montessori International Bordeaux*, einer Schule, die vom Kindergarten bis zum Ende der Mittelstufe reicht. Sie ist Montessori-Erzieherin und -Ausbilderin und Mitautorin verschiedener Bücher.